焦裕禄的故事

《青少年红色励志故事丛书》编写组 编著

湖南人民出版社·长沙

㉑	⑳	⑲	⑱	⑰	⑯	⑮	⑭	⑬	⑫	⑪
鞠躬尽瘁	「兴猪灭羊」	扎根兰考	人民公仆	「吃别人嚼过的馍没有味道」	初到兰考	迎难而上	「轻伤不下火线」	与专家赛刀	主动让房	外行变内行
173	165	156	147	139	131	122	114	105	097	089

目录

- 01 穷人的孩子早当家
- 02 地主逼死老父亲
- 03 劳工生涯
- 04 成功出逃
- 05 三写入党申请书
- 06 南下尉氏
- 07 智擒黄老三
- 08 农业翻身仗
- 09 革命爱情
- 10 崭新课题

001 011 021 030 039 047 054 063 072 081

01 穷人的孩子早当家

1922年8月16日的午夜，北崮山村的大部分村民都进入了甜蜜的梦乡，整个村子静悄悄的。这时，一阵急促的犬吠声打破了村里的宁静。一个中年汉子穿着拖鞋，提着灯笼，领着一个小老太太，慌慌张张地走进了一家农院。

院落是用大小不等、参差不齐的土砖石块垒起来的，茅屋顶用杂乱的玉米秆、麦秆铺盖后，再用石板压着。院子里除了几棵光秃秃的树、几张缺胳膊少腿的凳子以外，几乎一无所有。

昏暗的破茅屋里，传出一阵阵女人的呻吟声。中年汉子急匆匆地走进屋，对跟来的老太太说:"二婶,您老先喝口茶吧!"

"都啥时候了,还喝茶哩!"老太太话没说完,就一瘸一拐地进了里屋。

这位中年男人叫焦方田,是山东博山县北崮山村一个老实巴交的农民。由于生计艰难,整日发愁,他虽然还不到四十岁,却早已头发花白,满脸皱纹。眼下,他的妻子又临产,本来一贫如洗的家又要添一张嘴,焦方田怎会不急呢?

焦方田听了二婶的话,走进柴房,蹲在灶下,开始烧水。一缕缕浓烟往上冒,直冲屋顶。由于穷,没有专门盖厨房,锅灶就搭在住的屋子旁边。锅灶常年烟熏火燎,把房顶、椽子熏得又黑又亮,像一块块浓黑的腊肉。

望着跳动的火苗,焦方田的心也跟着一起一落,他不知道以后的日子该怎么过。

"唉,走一步算一步吧,人活着,比瞎子走夜路强不了多少!"他这样安慰着自己。

水"咕嘟咕嘟"地烧开了。这时,里屋传出一阵清脆的"哇哇"的哭声。

二婶一只脚站在门里,一只脚跨出门外,顾不得擦去脸上的汗水,欣喜地对焦方田喊道:"生了,生了,是个男娃!"

焦方田抬起头,勉强咧了咧嘴,笑不出来。他没有说话,两道浓眉紧紧蹙在一起,因为他不知道是该欢喜还是该发愁。

这个深夜里出生的男孩,就是以后人们熟知的焦裕禄。

焦裕禄的父母都是清苦贫寒的农民。夫妇俩咬紧牙关、省吃俭用,勉强挣扎着让聪明懂事的焦裕禄上了几天学。他们不想让自己的孩子跟他们一样当睁眼瞎。

1932年,自然灾害频发,天灾人祸使得北崮山村户户穷得揭不开锅。隆冬时节,茫茫积雪几乎湮没了村内外所有的山沟、平川、院落、房屋……

焦方田家里冷清清、空荡荡的,能穿、能用的,都卖了、当了,屋里只剩下一个冷冷清清的锅台,一床破破烂烂的褥子。

这天,焦方田拎着稀稀落落的几棵刚挖的野菜从外面回来,搓着冻得通红的双手,瑟瑟发抖。他不停地哈着气,皱着眉,一声不吭地把野菜递给了正等着做饭的妻子。

裕禄娘洗着丈夫刚寻回来的野菜,准备蒸些糠菜团子充充饥。

小裕禄俨然一副小大人的模样,坐在锅台灶门前,劈着柴枝,准备帮妈妈烧火做饭。

裕禄娘边干活,边对丈夫说:"这一秋一冬,顿顿都是糠菜团子，你们爷儿俩怎么受得了？你黑天白日地干活儿，孩子还要上学，都饿垮了咋办？要不，你……你再去胡家借点儿谷米回来吧！"

"唉，咱们已经借了胡家一百五十斤谷米了，再不敢去借啦！前些天，他的管家还催我还债呢，躲都来不及，哪还敢再去借呀！"焦方田无可奈何地叹息道。

"那咱们就尽等着饿死？"裕禄娘擦了擦脸上的泪水，接着说，"看禄子的小脸都饿成一条儿了，你那脸颧骨凸出，眼睛凹陷，都快成皱巴巴的枯树皮了，还要不要活呀？"

焦方田摸了摸裕禄的脑袋，叹着气："唉，没法子，没法子呀！谁让这可怜的娃投错了胎呢！"

懂事的裕禄带着哭腔说："爹，娘，你们不要担心，等我长大了，挣好多好多粮食，让咱全家都吃饱！"

这时，村里两个孩子挎着书包，一蹦一跳地跑进焦家："焦裕禄，咱们上学去吧，再不走就要迟到了！"焦裕禄站起来，毅然决然地说："你们去吧，我以后不上学了！"

"为什么？你学得那么好，总考第一，倒不上学了？"

"别管了，你们走吧，以后上学就不用来叫我了！"

"孩子，那可不行啊，太委屈了你呀！去吧，去吧，我和你爹再想办法。"裕禄娘边说边把书包递给裕禄。

"我决定了，我要回家挣粮食，上学的事以后再说吧！"小裕禄坚定地说。

"孩子，都怪爹妈没本事呀！"裕禄娘搂着小裕禄大哭起来。

别的小孩背着书包走远了，焦裕禄盯着他们的背影出了神。

焦方田见状，两手抱着头，弓着腰，驼着背，布满皱纹的脸上，那深陷的双眼流露出极度痛苦的神情："老天，你咋对穷人这样狠呀！"

焦裕禄失学以后，就开始和大人一起为糊口奔波。怎奈何天下穷苦人太多，连野菜都快被人挖光了。

转眼已是第二年春天，可这愁云惨淡的光景仍未有丝毫改变。

每逢吃饭，裕禄娘总是愁得两眼泪汪汪的。

眼看着全家又要断炊，焦方田也愁得蹲在地上，抱着头，不吭声。裕禄娘嗫嗫嚅嚅道："他……他爹，要不，你……你再去借点……"

焦方田抬起头来，瞪了裕禄娘一眼："借？这年头除了地主胡家，谁家有粮食？有粮食的主儿也不会借给咱这无底洞！"

焦裕禄走到焦方田身边，满怀信心地说："爹，你别发愁了，我到外边弄点香椿叶去！"

焦方田说:"傻孩子,香椿树早都被剥得只剩下一根光杆儿了,你上哪儿找香椿叶去?"

"我知道哪儿有,爹,娘,你们只管在家等着吧!"焦裕禄说着,拿了一把镰刀,一根长绳,出门去了。

焦裕禄走出家门,登上了村后的北崮山。北崮山是他砍柴、割草的地方,往常年景好时,每到春天,焦裕禄经常和小伙伴们在此嬉戏玩耍。现在,山上的香椿树还没抽芽,就被人们剥得只剩下一根光杆儿啦。

香椿树和其他树不一样,它的叶,尤其是新长出的嫩叶,脆爽可口,营养丰富,香味独特,人们都爱吃。所以,每到香椿抽芽的季节,村民们都喜欢背个小筐,漫山遍野去采香椿叶。

焦裕禄之所以说能弄点香椿叶,是因为他前些天打柴时,发现悬崖边上长着一棵香椿树。正因为长在悬崖边上,所以,人们还没敢打它的主意。

焦裕禄从小就是爬山攀树的能手。

他爬上崖顶,将绳子的一头拴在一块大石头上,一头拴在自己的腰间,慢慢地朝悬崖上的那棵香椿树爬去。

悬崖上长满了各种小灌木。焦裕禄脚踩着突出来的石头,手抓着小灌木,小心翼翼地朝那棵香椿树靠近。腰间的镰刀硌得他隐隐作痛,他只得忍着,不敢去扶一下。

他两眼紧盯着石壁，一眼也不敢往下瞅。

近了，近了，更近了！

在快要接近那棵香椿树时，他左手忽然一松，原来是一棵小灌木长得不深，被他扯断了。焦裕禄猝不及防，身体猛然一荡，坠了下去。他急中生智，双脚用力一蹬崖壁，借力一晃，竟一下子抱住了那棵香椿树，好在有惊无险。

这棵香椿树早已过了它抽芽长叶的季节，而且由于天气干冷，树上的叶子并不多。但焦裕禄顾不了那么多了，眼下全家就指着这点东西活命呢！

焦裕禄一片一片地采着香椿叶，也不知过了多久，当他带着一小捆香椿叶爬上崖顶时，只觉得头晕目眩，两眼发黑，两腿发软，一头栽了下去。

焦方田久久不见裕禄回来，急得像热锅上的蚂蚁，他禁不住裕禄娘的催促，就出来找孩子，终于在悬崖边上发现了奄奄一息的焦裕禄，而他的怀里还紧紧地抱着已经压得稀烂的香椿叶……

为了减轻压在父母身上沉重的负担，焦裕禄小小年纪，就开始打工了。

北崮山村有两户开油坊的人家。油坊每年秋后收了花生、芝麻榨成油，而后雇人推到城里去卖。焦裕禄的亲戚焦方增,平时就为油坊送油,赚点辛苦钱,补贴家用。

焦裕禄知道后,找到焦方增说:"方增叔,咱俩搭帮干吧!"

焦方增看了看他,点点头说:"按说,你还小,不该干这种活儿,可眼下,你家也没别的法子。走,我帮你跟东家说说去。"

焦方增带着焦裕禄走进油坊,一股刺鼻的熟油味儿、牲口粪尿味儿迎面扑来。油坊是一个大草棚,里面有两盘磨正在磨芝麻。芝麻磨好后,就放在锅里晃荡,一晃荡,香油就溢出来了。

草棚东头,有两个汉子抡着大铁锤,正在轧花生油。汉子将铁锤高高举起,"嗨"的一声,准确无误地打在木桩上,木桩下的花生被挤出一股油来。

焦裕禄一进来,耳朵里就觉得乱糟糟的,油锅"哐哐"的晃荡声,油磨"哗哗"的研磨声,油锤"砰砰"的撞击声。再加上独特的油香味,一时弄得他晕头转向,不知身在何处。

焦方增找到东家,说明了来意。东家正闭着眼品芝麻油,过了好半天才慢悠悠地说:"要来干活也可以,只要把油给我平平安安送到城里,我才不管谁运。只是咱丑话说在前头,要是把油洒了,你俩可得照价赔偿。"

焦方增赶忙答应,连声说:"那是,那是。东家的话对着哩!"

北崮山村到博山县城,有三十多里,路很不好走,有几个陡坡。焦方增和焦裕禄合用一辆独轮小车,运送三百多斤油。独轮小车煞是累人,一点都不稳当,推一会儿,便把人累得腰酸背痛,稍一疏忽,还容易车翻油洒。

那时,日本已占领了博山县,到了城门口,有两个日本兵在站岗。

焦方增和焦裕禄推车进了城门,还没走几步,一个鬼子上前一脚,把焦方增踢得差点儿弄翻独轮车。好在日本人踢过焦方增以后,又打别的行人去了,并没有再为难他们。

焦裕禄进了城,问:"方增叔,他为啥踢你?我们又没有招惹他。"

焦方增像是习以为常了,无可奈何地说:"踢?这算是轻的!他们还敢杀人!"

焦裕禄愤恨不平地问:"随便打人、杀人,还有没有王法啦?"

"咱要亡国啦!还讲啥王法?在那日本人眼里,咱连鸡狗都不如哇!咱快要成亡国奴了!"

日本人的残暴,方增叔的一番话,使裕禄受到了很大的震动。他暗暗发誓,一定要将日本鬼子赶出中国,让家乡父老都过上太平、安稳的日子。

02 地主逼死老父亲

焦裕禄家的二亩田地，位于村东头一条峡谷的进口处。地主胡富仁家的耕地大都在峡谷深处，耕种时，必经焦家地旁的羊肠小道。胡富仁财大气粗，就连平常去田里看庄稼也要坐个马车，从不步行。久而久之，焦家的地成了胡富仁的专用通道。

1938年春，焦方田正领着焦裕禄在麦地里拔草。忽然，一辆大马车从焦家的麦田碾过，两垄麦苗瞬时被车轮压折弄断。

焦方田见状，忙跑上前去，趴在地上培土扶苗。

焦裕禄伸手拦住车："别走！别走！你碾

死了我家的麦苗！你赔！你赔！"

赶车人是地主胡富仁家的管家，人人都叫他二狗子。

他一看焦裕禄拦车，很生气，停车后，跳下来，劈头盖脸地对着焦裕禄一顿打。

焦裕禄一边还手，一边质问道："你为啥碾坏我家的麦子？"

"为啥你家的地挡路？把你的地挪走！"二狗子蛮不讲理地说。

焦裕禄转脸看到马在啃地里的麦苗，顺手捡起一块石头，向马砸去。马受到惊吓跑了，马车翻倒在旁边的深沟里。

二狗子跑上前去，对焦裕禄又是一阵拳打脚踢。

焦方田赶紧上前护住焦裕禄，向二狗子求情："他是小孩子，不懂事，您别跟他一般见识！"

焦裕禄站起来，捡起一块石头朝二狗子砸去。石头落在二狗子脚上，二狗子疼得龇牙咧嘴。他瘸着腿，捋起袖子，狠狠地说："你这个又硬又臭的穷小子，今天老子非揍死你不可！"

焦方田怕把事情闹大，一面向二狗子求情，一面脱下鞋打焦裕禄。

焦裕禄挨着父亲的痛打，立在那里一动也不动。

二狗子这才消了火，一瘸一拐地走到车旁，重新套好马车，驱车而去。

焦方田拍拍焦裕禄身上的土，心疼地把他搂在怀里，大哭起来。

麦收前，地主胡富仁掖着账本、掂着算盘，带着跟班二狗子，来到焦裕禄家。

二狗子仗着主人在场，气势汹汹地喊道："焦方田，滚出来！"

焦方田只得开门相迎。

胡富仁掂掂账本，皮笑肉不笑地说："焦方田！你借我的一百五十斤谷米，该还了吧！"

焦方田为难地说："胡老爷，眼下正是青黄不接的时候，我们全家人连肚子都填不饱，欠您的债再缓一阵好吗？"

胡富仁的脑袋摇得像拨浪鼓："不行，不行！有借有还，再借不难。你一拖再拖，不会想赖账不还吧！"

焦方田乞求地说："不赖账，不赖账，想法还，想法还……"

胡富仁进一步逼问："什么时候还？十天，还是半个月？"

"哪能那么久呀，老爷！就限他七天还清！"二狗子在胡富仁的耳边悄悄说。

"半个月太长了，一个星期吧。"胡富仁听了二狗子的话后，连忙改口道。

"焦方田！听清了没有？限你七天！超过期限，加倍偿还！"二狗子狗仗人势，好不得意。

焦方田愣了愣神，没反应过来："啊！听……听清楚啦！"

胡富仁和二狗子转身扬长而去。

焦方田跌坐在石板上，双手抱着头，唉声叹气。

焦裕禄砍柴回来，看到胡富仁他们离去的背影，急忙赶上前问："爹！他们来干什么？"

"还能干什么，催债！"

焦裕禄见父亲一副愁眉苦脸的样子，气昂昂地说："爹！别发愁！还他的债！"

焦方田摊开两手说："唉！钱没钱，粮没粮，拿啥还哪！"

焦裕禄劝说着："砍柴卖柴，挑煤卖煤，推车运油，挣钱买粮，还他的账！"

裕禄娘想一下，说："咱地里的麦子收了，先还他的账。麦秋要接不住口，咱种点早玉米，一出棒子籽儿，就掰掉煮着吃……"

焦裕禄也说："我多拾些粪，洒在地里，让玉米长得高点，结棒大点！"

"唉！不行啊，他只给了咱七天期限，把账还清！"焦方田发愁地说。

裕禄娘说："那就'拆东墙，补西墙'吧！到亲戚、邻居家先借点。"

焦裕禄指着柴垛："先把这垛柴卖掉！"说完走向柴垛，动手把柴捆成捆。

焦方田起身，挥起斧劈柴。焦裕禄看到父亲体弱力薄，连劈数斧都没劈开，便走上前去，接过斧，窝着气，两腿叉开，瞄准茬口，替父亲"嘭嘭嘭"地劈起柴来。

几天后，焦方田揣着东拼西凑借来的钱，跌跌撞撞地向地主胡富仁家走去。

焦方田一边拍着胡家大门，一边大声喊着："胡掌柜！开开门啊！我来还账啦！"

二狗子慢吞吞地打开大门道："喊什么喊，老爷在睡觉呢。谁不知道你还账来啦！"

"二狗大爷，麻烦您进去通报一声吧！"焦方田唯唯诺诺地说。

"等着！"二狗子转身进去了。

过了仿佛一个世纪那么久，二狗子才再度出现。

焦方田跟着二狗子走进胡富仁的卧室。他的卧室摆设得华丽而雅致，充分显示了他的财富与地位。他们进来时，胡富仁正坐在太师椅上,手捧水烟袋,"咕噜咕噜"地吞云吐雾。

"凑齐了吧?"胡富仁问。

"凑齐了!"

胡富仁又问:"该还的东西在哪?"

焦方田忙从怀里掏出一个布包,用手连揭三层,现出一堆零零碎碎的钞票,双手托给胡富仁。

胡富仁没有接,不紧不慢地问:"你借我的是啥?"

"借的是谷米。"

胡富仁站起身来,故意刁难地说:"你借我的粮,为啥还钱?!如今这灾荒年景,钱能充饥?能顶渴?有钱没粮照样饿死人!"

焦方田愣在那里,半天不语。过了一会儿,乞求地说:"眼下这时节,新粮没收,陈粮难买,还粮有困难啊!要不等我那二亩地的麦子收了,多还你些,行吗?"

二狗子帮着腔:"一拖再拖,等你一百年啊!你不是答应七天吗?"

焦方田说:"买粮难呀!请您行行好吧!"

胡富仁奸笑了一声,说:"好!还粮有困难,不让你还,把你家的财产抵给我吧!"

"树木、家具都卖光了,就连禄子娘的一件衣服都换成粮食吃了!"

胡富仁逼问道:"你家不是还有二亩祖传土地吗?用地顶债,可以不?"

焦方田一听要用地抵债,连连摇头:"不行,不行啊!那是俺的祖传地,穷苦百姓,卖掉地对不住老祖宗啊!"

胡富仁说:"哎呀!你这个人真是死脑筋!如今这年景,你是顾死人,还是顾活人?"

"拿地抵债,今后俺指望啥活呀?那可是俺的保命地啊!"

胡富仁皮笑肉不笑地说:"我把保命粮借给你,才保住你全家性命。现在,这二亩乱石滩地你都不想舍,像话吗?"

胡富仁见焦方田低头不语,改变了口气:"焦方田!我看你还债确实有难处,暂时不让你还啦,以后再说!你那二亩山地,能不能划出一亩,让我当路?"

焦方田无可奈何地说:"我不能不让你过路。路,该走你走;债,该还我还!"

胡富仁的计划落空了,狞笑着说:"那好!只要让我走路就行!"

他见软的不行,便串通保长,使出一条毒计。

一天,保长带着乡丁踏进了焦家小院。一进门,保长就大声喝问:"焦方田在家吗?"

焦方田从屋里走出来。

保长腆着肚子对焦方田说:"现在日本人来了,大敌当前,民族危亡,我们要搞民族武装自卫,曲线救国,户户都得出钱,按照你家人口,得出五块大洋。"

焦方田一听,傻子一样呆立在那里。半晌,他才说道:"保长啊!咱是老邻居,你还不知道我的家底吗?如今连吃饭都顾不上,借东家欠西家,背了一身债,我再去哪凑五块大洋啊!"

"这年头谁有多少东西?都是过今儿不说明儿,将就着走嘛!"保长撇撇嘴,漫不经心地说。

"保……保长,我确实无钱可交,你们就高抬贵手吧!"

"不行!没钱总有人吧!叫焦裕禄去当壮丁!"

躲在门外偷听的胡富仁,趁机赶到跟前。

胡富仁说:"抗日税,谁也扛不住。我看这样吧,我出钱,你卖地。今后你家富裕了,想赎那块地也可以,怎么样?"

焦方田连连摇头:"不行!不行!那是俺的命根子呀!"

胡富仁阴险地说:"方田呀!认下吧!这年头,别再心疼那二亩山地啦！卖地总比出人强。啥是命根子？我看裕禄才是你的命根子！把地卖给我，那一百五十斤粮食，我也不要啦！怎么样？立个字据，你按手印就行了。"

两个狗腿子一听，随即拿出写好的字据和印盒，上前抓住焦方田连连后缩的手，使劲按了下去。

胡富仁说："方田，抗日税，我给你顶上了！"他一摆手，几个人像夹尾巴狗一样溜走了。

焦方田眼前一黑，"扑通"一声，昏倒在地。

乡亲们帮着把焦方田抬到床上，裕禄娘不住地流泪……

焦裕禄端着一碗水，让父亲喝，焦方田不接、不喝、不语。

焦裕禄放下碗，拿一条毛巾给父亲洗脸擦汗。左邻右舍的乡亲前来劝解、安慰：

"胡家有权有势，咱和他生什么气！"

"既然立了字据，田地就让给他吧！"

"人没事就行了，你放宽心吧！"

……

焦方田听了，放声哭诉起来："冤屈呀！我对不起焦家的列祖列宗啊！"

夜深了，人们逐渐散去。

焦裕禄和母亲也困倦了，渐渐睡去。

焦方田由于内心冤屈，没有一丝睡意，脑海里犹如惊涛骇浪在翻滚一般，不得安宁。

"今后的日子咋过呀！"

他站起身，看着熟睡的妻子和儿子，满心悲愤，泪流满面。他来到独轮车旁，解掉车上的绳索，又在院中寻了一个木墩，向屋内走去……

焦方田一手拿着绳子，一手搬着木墩，在屋内巡视了一遍，然后，看向梁头。他蹲下身，小声哭了一阵，又回到屋门口，看了看熟睡的妻子和儿子，最后走到木墩旁边……

他悬梁自尽了！带着满腔的仇和恨，离开了这如同地狱一般的人间！

03 劳工生涯

焦方田死后，焦家的生活越来越困难。全家所有的事情，都落在了小小年纪的焦裕禄身上。

一天，焦裕禄拿好柴刀、绳子，与伙伴大黑、小根一起上山砍柴。运气不错，他们在悬崖边上发现了一棵枯树。三人合力将干柴从树上掰下来，一分为三，每个人都背了一大捆，满载而归。

三人背着柴篓，一边跳一边唱着：

日本鬼儿，喝凉水儿；
打了罐子，赔了本儿；

坐火车，轧断腿儿；

坐轮船，沉了底儿；

坐飞机，摔个死儿；

……

忽然，他们听见有人喊："日本鬼子抓人来啦！快躲啊！"

焦裕禄他们一听，歌声戛然而止，正想躲藏，不料鬼子已经到了跟前。

日本鬼子指着他们说："你们的良心大大地坏！"说着就在焦裕禄的脸上扇了两耳光，并叫汉奸将他们绑了起来。

焦裕禄挣扎着大声说："不关他们的事，歌谣是我教他们唱的，你要抓就抓我一个人吧！"

汉奸听后，指着焦裕禄，大声吼着："将他绑起来，拉走！"两个日本鬼子一手拿枪，一手抓着焦裕禄的肩头，连推带拉地将他送往村外的集中点。

小根和大黑见状，连忙跑回村里搬救兵。

这一年，焦裕禄的爷爷已经七十多岁了，一听说孙子让日本人抓了，拼命地追上去。儿子焦方田刚刚过世，孙子可不能再有个三长两短了！

鬼子押着抓来的十几个人,已经走了好远了。

跑到一个陡坡上,焦裕禄的爷爷才追上日本兵。老人救孙心切,发疯似的扑过来,哭喊着:"你们放开他,放开!他还是个孩子!我跟你们去!俺全家可都靠他过日子啊!"他趴在地上,磕头求情。

日本兵不但不理,反而狠命一踢,把焦爷爷踢到了坡下的沟渠里,风烛残年的老人,顿时没了声响。

看到此情此景,焦裕禄把牙齿咬得咯咯直响,恨不得一刀捅死这个日本鬼子。可他被绑得丝毫不能动弹,只能高喊着:"爷爷!爷爷!"

焦裕禄和其他难友一起,被押到了博山县城。他们全都被关进了一座临时的牢房。

时值盛夏,牢房里又闷又热,臭气熏天。许多难友都觉得头昏脑涨,进的气多,出的气少。

鬼子一天给他们两顿饭,每顿都是一块咸菜,一个窝窝头。夏天,正是需要水的时候,鬼子偏偏不给水。

三天一过,难友们的嘴唇都开裂了,裂开的口子火烧火燎地疼。大家实在忍不住了,有的擂门,有的敲墙,希望小鬼子良心发现,给点水喝,救救他们。

焦裕禄坐在墙边,不喊,也不动。他明白,喊也没用,越喊只会越渴。他忽然记起了方增叔在城门边说过的那段话，小鬼子是绝不会对中国人发善心的。

"哐当"一声，门打开了，两个小鬼子抬着一桶水走了进来。

焦裕禄心里一惊：莫非鬼子发善心了？

其中一个鬼子用生硬的中国话问："谁要喝水？"

一个难友没好气地说："我们都要喝！你没长眼睛，难道看不见我们都快渴死了吗？"

鬼子笑眯眯地说："好的，好的，水大大地有，管够！"说完，指着刚刚那位难友说："你的，先来！"

那位难友走到桶边，把头伏下去，刚要喝，鬼子一把按住他的头，浸到水里，一边往下按，一边狞笑着说："让你的喝个够！"那位难友拼命挣扎，小鬼子却不为所动，直到那位难友完全停止呼吸，鬼子才松了手。

而后，鬼子又当着大家的面，把水一瓢一瓢地泼在地上，一边泼一边说："想喝水的在地上舔吧！"

鬼子走后，一个难友用沙哑的嗓子说："小鬼子不是人，是人就做不出这种事！"

牢房的地上全是稀泥，有的难友渴得晕了过去，只好躺在那里等死。

焦裕禄坐在那里细细地琢磨，怎样才能弄到水呢？照这样下去可不行啊，会有更多的人因此送命的。

牢房东墙的上方,有一个小小的窗户,焦裕禄踮着脚,手攀着栏杆,向外一望,发现不远处有一个小水坑。

"有水啦!有水啦!"他兴奋得跳起来。

一个难友有气无力地说:"有水又有啥用?咱一没绳,二没桶的。"

焦裕禄闭着眼睛,思考了一会儿,然后脱下自己的布衫,撕成长条状,只见他把布条一条条地接起来,做成了一根绳。

"谁有帽子?"焦裕禄问。

一个难友脱下自己头上的帽子,递给焦裕禄。焦裕禄把帽子绑在绳上,说:"看见了吧,这就是一只桶!"说完,把帽子从窗口吊下去,浸在水里,然后再小心翼翼地提上来,对着难友们的嘴,将帽子里的水滴进他们的嘴里。就这样,焦裕禄用帽子取水,救活了一牢房的难友。

牢房的隔壁,是一间密封的审讯室。

一位年纪较大的难友告诉焦裕禄,那里有各种各样的酷刑——"烤活鱼""抱火炉""触电丝""冻冰棍""坐老虎凳"等等。这些都是用来对付那些干活不下力和逃跑未遂的劳工的。

那里经常传来一阵阵拷打声和撕心裂肺的惨叫声。每逢听到这些声音,难友们的心里都万分难过。

一天,审讯室里又开始打人了,和以往不同的是,这次犯人发出的不是呻吟声,而是不停的破口大骂声:

"狗汉奸,你不得好死!"

"小鬼子,总有一天,我要将你们打得屁滚尿流!"

"打吧,你大爷我才不怕呢!"

"用力打吧!真金不怕火炼!"

鬼子打了多长时间,他就骂了多长时间。

过了一会儿,焦裕禄从窗户里看到,一个穿灰军装的人,被两个小鬼子一人架着一只胳膊,拖进了牢房。

被打的这个人,名叫肖利群,是一名共产党员。

这会儿,他被日本兵打得遍体鳞伤,全身上下都被血水浸透了。由于长时间的喊骂,他干裂的嘴唇已渗出了血丝,身子不住地颤抖,还时不时地抽搐。

焦裕禄将难友们刚喝剩的水,浸湿布衫,一滴一滴地滴进他的嘴里。

将肖利群安顿好后,焦裕禄低声问一个难友:"这个人是干啥的?"

难友看了看四周,附到焦裕禄耳边,小声地说:"这位好汉八成是八路军,共产党。"

"八路军共产党是干啥的?"焦裕禄好奇地问。

"八路军共产党是一帮天不怕、地不怕的好汉,他们周济穷人，专为穷人打天下。"

"谁还肯为穷人打天下？我不信！"焦裕禄疑惑地摇摇头。

"不信！那你就走着瞧吧！他们也跟你我一样，穷苦出身。不过，他们又跟咱不同，他们的筋是钢筋，骨头是铁骨架，心是金粒子，全身上下没有软东西。"难友越说越兴奋。

正在这时，肖利群翻了个身。他趴在地上，用手垫着胸脯，豆大的汗珠，从蜡黄的额头上滚落下来。

焦裕禄来到肖利群身旁，将自己领的早已硬邦邦的窝窝头递给他："你将就着吃点吧，先填下肚子再说。"

肖利群笑着摇摇头："不用啦，你留着自己吃吧，你的心意我领啦！"

焦裕禄说："你我都是劳苦人，就不要分这分那了。你先把窝窝头吃了吧，我去和工头说说情，只要他还有一点人性，不会看着咱活活饿死的。"

肖利群见焦裕禄诚心诚意，就伸出颤抖的手，接过了焦裕禄递过来的窝窝头。

半个月后，焦裕禄和难友们以及其他被抓来的劳工，都被日本兵送到了抚顺大山坑煤窑做苦工。

大山坑位于抚顺最偏僻的地方，方圆几十里没有一户人家。

整个矿区戒备森严,里里外外围了三层铁丝网,最外层还拉了电网,四面还有四座碉堡,鬼子日夜在上面站岗放哨。如果劳工不经允许跨出铁丝网一步,鬼子就会开枪。

鬼子对待劳工极其苛刻。劳工们每天要在暗淡无光的窑洞里连续干活十五个小时以上。出了窑洞,又马上被关进窄小的工棚。大家整日连阳光也见不到,吃的是掺了玉米皮的糠菜馍馍。

一天,鬼子带着汉奸又来发馍。

焦裕禄问汉奸:"每天要我们干那么久的活,能不能多发一个馍?"

汉奸狞笑着说:"你在地上趴着学一声狗叫,我就给你一个馍,怎么样?"

焦裕禄愤怒地说:"不一定谁是狗呢!狗还能看家,有些人连狗都不如,光给外国人跑腿。"

汉奸吼着:"你……你敢骂人?小心着你的皮!"

几个鬼子一见,走上前去把焦裕禄捆了起来,吊到窝棚的横梁上,两条皮鞭对着他抽打。

不一会儿,焦裕禄身上,皮开肉绽,鲜血直流。

焦裕禄咬紧牙,一声都没有叫喊。

一个歪嘴鬼子,端着带刺刀的枪,走到焦裕禄身旁,抬起头,翻着眼:"你的,死的,不怕?"

焦裕禄毫不畏惧,斩钉截铁地说:"不怕!"

"哦——"歪嘴鬼子用刺刀对准焦裕禄的脊梁骨,狠狠地划了一下,鲜血染红了鬼子的刺刀,浸透了焦裕禄的布衫。

04 成功出逃

天黑以后，难友们将焦裕禄偷偷接了回来。肖利群从自己的衣服上，撕下一小块破布，小心翼翼地为他包扎伤口。

看着遍体鳞伤的焦裕禄，肖利群哽咽着说："小兄弟，为了我，你受罪了！"

一位上了年纪的老矿工，边给焦裕禄擦伤口边安慰道："在这里，说话、办事要灵活点，不然，吃亏的是咱自己！以后，跟着我看眼色行事！"

这位老矿工是抓来的劳工中年纪最大的。所以，鬼子让他做了这个煤窑的领班。他平时对劳工们很照顾，没日本人监督时，就让大家在原地休息。

这天,汉奸带着一群日本兵来到了采矿队。他将所有的劳工集中到一起,开始训话:"你们已经两个月没有完成采煤任务啦!太君很恼火,让我这个领官在皇军面前也很没面子。今天,我亲自来督工,谁敢磨洋工,小心着你们的皮肉和脑袋!"

劳工们互相对视,一声不吭。

汉奸看大家不搭理他,就对着老矿工说:"死老头,你叫大伙卖力干,完成任务了,皇军大大地有赏!"

老矿工点点头,投入了采煤活动。

汉奸从头到尾,从尾到头,来回巡逻。他瞪着眼挑毛病,一看谁怠工,就喊:"发啥愣?快干活!"一听谁说话,过去就是一鞭,边抽边骂:"说话能出煤吗?打你个话痨!"

汉奸一走近,老矿工就高喊:"大家都加把劲啊!不要在那里发呆!快干活!"汉奸一走,老矿工把手一摆,又小声地喊:"歇会儿,歇会儿!"

劳工们坐的坐,站的站,一直歇到汉奸再一次出现在视野中。

可是,这样的次数多了,汉奸似乎发现了其中的端倪。这次,他像生了根一般,站在那里不走了。

天越来越热了,太阳火辣辣地炙烤着发着黑光的煤矿。

煤窑里又闷又热，劳工们没有水喝，干活越来越吃力。这样下去，劳工们怎么受得了？

这时，老矿工灵机一动，走到机器旁边，趁汉奸不注意，偷偷搬起一块石头，丢到机器里。

"咔咔咔……"机器发出一阵不正常的响声。

汉奸跑上前去一看："天啊！机器出毛病了！"

老矿工故意装出一副着急的样子问："这可怎么办呢？"

汉奸说："还愣着干啥？赶紧找技工修啊！"

老矿工吩咐大家在原地休息，他自己慢悠悠地找维修工去了。

汉奸这一上午来来回回地跑，早累坏了。这时，他正倚着一根顶柱休息，不一会儿，鼻子里就发出了呼噜呼噜的鼾声。

焦裕禄一看，计上心来。

他蹑手蹑脚地走到那根顶柱旁边，偷偷地将上面的木楔取了下来。别处的煤区一放炮，这里一震动，顶柱倒了，上面的煤层"扑通"塌下一层，把汉奸压在了下面。他露着头，像猪一样咆哮起来："塌塌……塌方了！救救……救人啊……"

劳工们故意高喊：

"这里塌方啦！快跑啊！"

"汉奸领官被埋住了！"

"快跑啊，等下就爆炸了！"

汉奸头带着哭腔，狼狈地央求："各位英雄好汉，先别跑，救救我……求求你们，救救我吧！我再也不催你们了！"

焦裕禄得意地说："我们和你不一样，今天就救你一回，可你得记住，以后不能再骂人，再打人啦！"

汉奸连连点头："是，是是是！"

焦裕禄对大伙儿说："来！咱们救救大领官！"

劳工们这才用铁锹把压在汉奸身上的煤和石头铲去。

汉奸一会儿喊："快点快点，我喘不过气啦！"一会儿又喊："慢点慢点，铲到我了！"

刚从煤堆里刨出来，满身满脸都是煤的汉奸领官对大伙说："要不是你们救我，我就没命了！为了表示感谢，我这里有一张水票，给大家到井口茶摊买壶茶喝吧！"

焦裕禄也不推辞，接过水票，提一只壶，向井口走去。

自从汉奸领官被压伤后，劳工们就一直在议论，日军会派谁来当监工。

这天，劳工们又聚在工棚讨论：

"不知是鬼子来，还是汉奸来……"

"鬼子和汉奸都是狠心狼！"

"要是他们还打人，咱就接着想办法收拾他们！"

就在讨论正热烈时，忽然传来一阵喊声："快起来！快起来！到大树下集合！"一个歪嘴鬼子走进工棚，用脚踢踢这个，用手拉拉那个。

大家极不情愿地集中到树下，有的咬牙切齿，有的瞪眼怒视，有的拳头紧握。

这个歪嘴鬼子走到人群面前，大声宣布："从今天起，就由我来当你们的领官，有谁的干活不卖力，统统死啦死啦的！"

劳工们开始干活，歪嘴鬼子在一旁指手画脚。他一会儿朝这个矿工脸上甩一巴掌，一会儿又朝那个矿工身上狠踢一脚。

焦裕禄悄悄溜到老矿工身边，问："老师傅，小鬼子对咱又打又骂，咱能不能收拾他一下？"

老矿工环顾四周之后，说："趁着他指导采煤的机会，干掉他！"

歪嘴鬼子看到焦裕禄与老矿工在说话，提着鞭子走了过来。

"快去干活！"鬼子手中的鞭子，狠狠地落在焦裕禄背上。

"你像驴一样叫啥呢？"焦裕禄说完，一把夺下鬼子的鞭子，两人厮打起来。

老矿工一扭头，示意大家一齐动手。

肖利群举起榔头，照准鬼子的脑袋狠狠一下，歪嘴鬼子摔倒在地。

劳工们见状，纷纷围上前去，你一脚，我一腿，新仇旧恨一起算，直打到歪嘴鬼子再无声息，身体僵硬为止。

傍晚时分，日本小队长来到这里，问老矿工："你们的领官哪里去啦？"

老矿工面不改色地回答道："那位长官下井后，嫌里面太热，出去乘凉去了。"

焦裕禄帮着说："是的，我看他背着枪，往那边走了。"

日本小队长听后，领着一帮人掉头走了。

深夜，天空中一颗星星也没有，漆黑一团。

焦裕禄跟老矿工来到厕所，低声交谈。

焦裕禄小声说："歪嘴鬼子的下落，他们肯定会追查的。趁今晚歪嘴鬼子死后，没人替岗，我想逃走，您看如何？"

老矿工沉思了一下，说："今晚是个好机会。一来暂时没人替岗，二来他们正忙于寻找失踪的歪嘴。但你一定要小心，一旦被抓，必死无疑。"

焦裕禄说："我会的！打死歪嘴鬼子的事，可全推到我身上，就说我畏罪潜逃了。"

老矿工同意了。他想了想说："最好在黎明前行动，那时碉堡里的鬼子也开始瞌睡了。别走前门，翻过房顶，从后面钻铁丝网出去。"

一切都计划好后，焦裕禄兴奋得睡不着。他来到肖利群的地铺旁，将他摇醒，趴在他耳边悄声说："老肖，今晚我打算逃走，你好好养伤，出去后记得找我。"

肖利群抬起头，轻轻地对焦裕禄说："放心吧，这点伤奈何不了我。你先走吧，可千万要小心！"

焦裕禄睁着眼躺在被窝里，静静地等待着时机的到来。

终于，老矿工摸黑拍了拍焦裕禄，两人蹑手蹑脚地来到工棚外。

果然，鬼子不再巡逻，只是不停地从碉堡里射出一束束灯光。

焦裕禄踩着老矿工的肩膀，爬上了房檐，翻过房顶，溜下去，成功地出了第一道铁丝网。

房子外十多米的地方，装着第二道铁丝网。焦裕禄来到铁丝网前，咬着牙，用力翻了过去，但铁丝网上的尖刺，把他扎得遍体鳞伤。

焦裕禄刚翻过第三道铁丝网，探照灯就照到了他身上，碉堡里的鬼子立马就发现了他。顿时，枪声响成一片，子弹嗖嗖地在他耳旁呼啸。他顾不得想太多，只是一个劲地往前跑……

焦裕禄跑进一条小胡同，发现一户人家亮着灯，就上前敲门。开门的是一位老大娘，焦裕禄赶紧说："大娘，日本人在抓我，能不能在您家躲一下？"

大娘一句话没说，一把将焦裕禄拉进屋里。

随即，大娘拿出一件打满补丁的衣服，让焦裕禄换上，又将焦裕禄穿的带有"劳役"二字的衣服藏起来，让他躺在床上。

这时，门外响起了"开门！开门！"的喊声，鬼子已经追来了。

大娘不慌不忙地打开门，让两个鬼子进来。

"我们的劳工逃跑了，你见到没有？"

大娘连连摇头："没看到，我一直在屋里呢！"

鬼子指着焦裕禄问："床上躺着的是谁？"

大娘将焦裕禄拉起来，说："这是我儿子！"

两个日本鬼子对着焦裕禄全身上下仔细打量，又看了看焦裕禄的衣服，见背后并没有"劳役"二字，扭头对大娘说："你见到了，向皇军报告，皇军大大地有赏！"

大娘连声应着："一定！一定！"

大娘和焦裕禄都虚惊一场，出了一身冷汗。

大娘说："孩子，日本人肯定还会回来的，别在这里待啦！"

焦裕禄含着泪，双手拉着大娘的手，"扑通"一声，跪在她面前："大娘，您的恩情，我一辈子也不会忘！"

焦裕禄迎着曙光，奔向前方……

05 三写入党申请书

1945年,日本投降,在外流浪的焦裕禄终于回到了家乡。多年的逃亡、流浪生涯,让焦裕禄吃了许多苦,但也长了不少见识。他逐渐懂得:共产党是为穷苦人办事的。

所以,回到家的第二天,焦裕禄没顾得上和娘话家常,就径直奔向村政府,找到了共产党员老方。

村政府办公室里,北崮山村的村长老方正拿着扫帚扫院子,抬头看见焦裕禄,吃了一惊:"嘿!你小子打哪儿游转回来啦?这些年都干啥了?"

焦裕禄笑着回答:"我被鬼子抓去当了好

几个月劳工，逃走后，又给一个地主做了两年工。打鬼子那阵，我还是小队长呢！"

"是吗？那正好，我们村的民兵队正缺一个领头人，既然你有经验，那就由你来担任民兵队长吧！"老方拉着焦裕禄的手，兴高采烈地说。

焦裕禄既没推辞，也没明确答应，他找了张凳子坐下，郑重其事地说："村长，我今天来，其实是想向您请教一件事，因为您是咱村唯一的党员！"

"什么事？"

"我想加入共产党。"

"当然可以。不过，这是件严肃的事儿，你得向党组织提出申请。"

"怎么申请？党组织在哪儿？"焦裕禄迫不及待地问。

"现在党员只有我一个，所以暂时还没成立党组织，你得去区武装部，找那儿的负责人肖利群。"村长耐心地解释着。

焦裕禄惊喜地反问："肖利群？那好！那好！我明天就找他去。"

第二天，天还未亮，焦裕禄就出发了。一路奔波，直到中午，他才到达区武装部。

焦裕禄走进院里，左瞧瞧，右看看，没见到一个人影。

这时，一位年轻小伙子走到他面前问："你找谁？"

"找肖利群部长。"

小伙子马上提高了警惕："你是谁？叫什么？找肖部长干啥？"

焦裕禄说："我是北崮山村的民兵队长，叫焦裕禄，找他汇报一下工作。"

"你先等等！"小伙子转身离去。

焦裕禄坐在一块石板上，等候了一会儿，肖利群从屋里迎了出来。

肖利群将焦裕禄拉进屋子，让他坐下，倒了一杯茶递给他，这才打开了话匣子："焦裕禄，你小子可让我好找！我从煤窑出来就四处打听你，都说不知道你的音讯。你小子到底干啥去啦？"

焦裕禄看到肖利群如此关心自己，不禁两眼一热："我从抚顺煤矿逃出来后，在家没法安生，就躲到江苏宿迁县，给地主当长工去了。小鬼子投降后，这才回来。你呢？你是咋逃出来的？"

肖利群慢悠悠地答道："我们不堪忍受鬼子的迫害，早就计划逃跑了。一天晚上，在下夜班的路上，大家联手打死了押送我们的鬼子，逃了出来。回来后，党组织分配我到武装部工作。你现在是啥？"

"北崮山民兵队长。"

肖利群呵呵一笑:"那好!'枪杆子里出政权!'"

两人唠了好一阵子,焦裕禄才吞吞吐吐地说:"有一件事,我……我想……想请教一下你。"

"什么事,说吧!"

"我想入党,不知道可以不可以?"

肖利群顿了一下,反问道:"你为啥要入党?"

"你知道,我爹叫地主逼死了,我被日本人抓走,差一点见了阎王爷……我要入党,我要报仇!"焦裕禄激动得眼泪差点儿掉下来。

肖利群笑着拍拍他的肩膀说:"裕禄呀!入党可不像参加民兵那样简单,你写过入党申请书没?"

"还没有呢?"

"先得写一份入党申请书,条件成熟了,党组织才会发展你成为党员。"

"好!回去就写!"焦裕禄答应得非常痛快。

"区里下周开党员学习班,你可以来旁听党课。"肖利群补充道。

"那太好啦!到时我一定来!"

一到家,焦裕禄就趴在家中唯一的一张小圆桌上,聚精会神地写起了入党申请书。他写写,停停,想想,改改……

折腾了大半夜，终于写好了。他拿起来看看，满意地装进了衣兜。

终于到了上党课的这天，焦裕禄早早地到了会议室，预备听完课就将自己精心准备的申请书交给肖利群。

"有的同志，想入党，问他为啥入党，他说为了报仇。为报家仇国恨，也是个理由，可单凭这点，就不能叫他入党。照这个说法，那些没入党的群众，他们的仇，谁去报呢？一个共产党员，应该想到全中国的老百姓和普天下受苦的人，仅仅为报私仇，就不配做一名共产党员……"

焦裕禄听着，不住地点头，同时，又不好意思地低下了头。

党课结束后，肖利群问焦裕禄："申请书写好了没？"

焦裕禄摸了下鼻子，不好意思地说："写好了，没敢交。"

"为啥？"

"我的思想觉悟低，还不具备成为党员的条件，我要争取进步，回去重新写一份。"

这天，民兵们捉回了十几个敌兵，村民们在敌兵边上围成了一堵墙。

焦裕禄向村长老方简单汇报了一下，准备审讯敌兵。

"你们当中，谁是头儿？"焦裕禄问。

一个满脸横肉的矮子长官，这会儿像个麻袋一样，被人拱出了人群。

"你们是来干什么的？老实交代！"

矮子长官结结巴巴地说："长官派……派俺来……抢……抢点粮食。"

围观的村民盯了他一会儿后，不约而同地说："那次鬼子'扫荡'，就是这个家伙领着来的。"

一位民兵愤怒地说："那次我亲眼见他拿刀杀了乡干部老王。"

"他还帮日本人抓了一大帮老人、孩子游街……"

焦裕禄严厉地问："这些事都是你干的？"

矮子长官吓得瑟瑟发抖，连连答道："是，是是！"

焦裕禄一听，火冒三丈，从墙上取下短刀，走向矮子长官。矮子长官头一偏，刀落在胳膊上，顿时，血流如注。

矮子长官像猪一样嚎叫起来："哎哟！大爷，饶命啊！我以后不敢了！"

这时，村长老方来了，他夺下焦裕禄的短刀，对村民们说："把抓到的人关起来，交给武装部处理。老焦，你跟我去下办公室。"

办公室里，肖利群问："矮长官的胳膊是谁砍的？"

焦裕禄以为是要表扬他，得意洋洋地说："是我砍的！"

"简直是胡闹！你这不是立功，简直就是在犯错误。"

焦裕禄一听，一脸的迷惑不解。

肖利群解释说："杀俘虏，不利于瓦解敌人。一个革命战士、共产党员，除了要有一颗火热的革命心外，还必须有高度的政治觉悟和组织观念。你这样，跟一个土匪有什么区别？"

焦裕禄低下头，一句话也答不上来。

这天下午，焦裕禄和大黑背着枪在村头巡视，忽然发现从敌占区方向走来两个人。这两人左顾右盼，鬼鬼祟祟，形迹可疑。

焦裕禄把他们带到了村政府，分别审讯。

焦裕禄把其中一人叫到小房间说："我们的政策是坦白从宽，抗拒从严，胁从不问，立功受赏。'识时务者为俊杰'，你要看清形势，为自己留条活路，不要被人利用，往火坑里跳。"那人听后，像筛糠一样，浑身颤抖着说："长官，我说，我全告诉你，你可别杀我啊！"

"只要照实说了，我们不会为难你的。"

那人说："他是我的排长，因对这一带熟，上司派我们来摸摸这里民兵的实力，想来一次扫荡，彻底消灭民兵武装……"

"你说的可是实话？"

"千真万确，若有半句假话，天打五雷轰！"

大黑审问的是伪排长,不管怎样威逼利诱,伪排长都置之不理。

焦裕禄说:"那人说了实话,把他放了;这个排长,就交给武装部继续劝降吧!"

大黑与焦裕禄一起,把伪排长押送到区武装部。

看到焦裕禄的进步,肖利群很高兴。他拍拍焦裕禄的肩膀说:"裕禄呀,你的入党申请书交了吗?拿来我看看!"

"已经写了三次了,都没敢交给党组织。"

"既然写了三次,为啥不交呢?"

"第一次,正准备交,听了党课,对照党的要求,我觉得自己的思想觉悟不够高;第二次,违反了俘虏政策,受到部长批评;这是我第三次写的入党申请书。"

焦裕禄说完,从衣兜里掏出申请书,递给肖利群……

1946年,在区武装部会议室里,焦裕禄庄严宣誓。

从此,焦裕禄成了一名光荣的共产党员。

06 南下尉氏

1947年7月的傍晚,焦裕禄在自家院子里乘凉,肖利群走了进来。

肖利群一本正经地说:"裕禄呀,你入党也一年有余了吧,我出一道时事题考考你。"

焦裕禄一听要出题考他,顿时来了兴致:"好啊,你说吧!"

"你给我说说,全国解放战争目前的大形势是怎样的?"

"就目前的战况来说,咱解放军打一仗胜一仗,照这个趋势下去,全国很快就要解放了。"焦裕禄兴致勃勃地说。

肖利群高兴地说:"你回答的基本正确。

为了取得解放战争的全面胜利,我们很快将会从战略防御转为战略进攻。可我们现在的主力,大部分都在北方啊……"

"那还等什么,赶紧随军南下,开辟新区啊!"焦裕禄不等肖利群说完,激动地说。

"可是,我们的同志,许多都是上了年纪的,怕是不好调动啊!"肖利群面带难色地解释道。

"你看我行不?"焦裕禄问。

"你刚回来不久,又派你南下,焦大娘会同意吗?"

焦裕禄像被泼了一盆冷水,热情慢慢消退了许多。

"俺娘可能不愿让我远离她……"

肖利群见状,开导说:"咱解放了,翻身了,可敌占区的劳苦大众,还处在水深火热中啊!"

焦裕禄不好意思地低下了头,他在心中嘀咕:亏自己还是党员呢,怎么光想着自己的小家,而不顾大家呢?

"我要南下!如果我娘不让去,我就拿革命道理劝慰她,说服她!"焦裕禄坚定地说。

"我果然没看错人啊!那好,就这么决定了!回家看看你娘,收拾收拾行李,三天后出发。"肖利群脸上露出了欣慰的笑容。

随军南下的队伍整装待发,焦裕禄背着背包站在人群里。

肖利群亲手给焦裕禄等人戴上了大红花，送行的乡亲都为他们鼓掌。焦裕禄的母亲，拉着儿子的手，依依不舍。

当工作队出发时，焦裕禄大喊："娘！您好好照顾自己，全国一解放，我马上就回来。"

"你好好工作吧，我会照顾好大娘的！"肖利群也跟着喊。

"父老乡亲们，再见！"

"再见！"

1948年，焦裕禄随南下的工作队前往河南省尉氏县。南下到河南尉氏，焦裕禄被分配到县委当宣传部干事。自此，尉氏的大地上，印下了他闪光的足迹。

焦裕禄任职不久，县委就派他到彭店开展工作。

彭店，坐落在双洎河北岸，处于尉氏、鄢陵两县的交界处。河的南岸，是国民党反动派的地盘，国民党鄢陵县的保安团常常越河而过，对这里进行骚扰。

这里的情况，非常复杂，斗争十分尖锐。

焦裕禄带领工作组来到彭店后，住在村头的关公庙里。

第二天一大早，焦裕禄与助手二亮到村里巡视。村子里出奇地安静，家家房门紧闭，街上行人稀少。

焦裕禄拉过旁边的一位老农问："老伯，这村里有几户地主啊？"

老农上下打量了一下他们俩，装聋作哑，没有回答。

这时，又走过一位中年男人，二亮忙赶上前去问："大哥，这村里谁是负责人啊？"

中年男人脚步都不愿停下，摇头摆手说："不了解，不清楚。"

二亮终于失去了耐心："这里的群众见了咱就像见了老虎一样，我们怎么开展工作啊？"

"心急吃不了热豆腐，不要急，慢慢来吧！"

二人走进一家破旧的小院，一位身穿烂棉衣、头顶破头巾的老太太，正蹲在井边颤巍巍地打水。

焦裕禄连忙跑过去，接过水罐，走到井边，轻轻松松地打满一罐水，帮老太太提进了屋里。

老太太连声道谢。

焦裕禄趁机问："大娘，您家里有几口人啊？"

"老头子早些年被日本人逼死了，无儿无女，只剩下了我一个人孤苦伶仃的！"老太太叹了口气说。

"大娘，别难过。您要是不嫌弃，从今天起，就把我当儿子看吧！"

"大娘，您也是个受过苦的人。现在咱穷人闹翻身，得找个领头人，您看村里谁合适？"二亮时时不忘使命。

"我看大春能当头儿,这孩子心眼实诚,人缘又好。"

在焦裕禄和二亮的不懈努力下,一个月后,通过发动、联合贫雇农,群众很快团结起来,成立了农会和民兵组织。不过,在斗地主、分浮财、分田地的时候,焦裕禄又遇到了新困难。

在斗地主时,许多潜逃在外的地主恶霸与河南岸的国民党匪军相勾结,他们隔河狂叫,时刻准备卷土重来。

彭店的贫雇农们忧心忡忡,给田不敢种,给粮不敢吃,给衣不敢穿,生怕地主们回来加倍报复,就连农会主席、民兵队长大春也顾虑重重,办事畏首畏尾。

面对这种情况,焦裕禄决定来一次彻底的清剿地主恶霸的运动。

一天,焦裕禄正召集村干部商量清剿运动的具体事宜。一个联络员慌慌张张地跑进来报告:"焦干事,不好啦!鄢陵县保安团队长刘启龙,带着四百多人打进来了。"

焦裕禄站起来说:"慌什么!来得正好,我准备了大餐等着他!"他转过头,又对大春说:"大春,你赶快去集合民兵队员,先掩护乡亲们出村,咱做好战斗准备,一定要一举消灭敌人。"

大春从村里找来十几个人,三支短枪,十来支长枪。大春有点胆怯地悄声对焦裕禄说:"这能对付人家四百号人吗？咱们还是跟乡亲们一起跑吧！"

"不行！大敌当前，咱们更应该身先士卒。快，你带一班人去东南角寨墙上埋伏，我带一班人去南门引他们进来，两边夹击，定能旗开得胜。"焦裕禄成竹在胸地说。

焦裕禄与大春约定好暗号，就各领着一班人，进入了战斗阵地。

当敌人的前哨部队接近南门的时候，焦裕禄一声令下，枪声嗒嗒地响起来。大春一听，连忙大叫："一二——打！"大家一齐开枪。敌人一看被包围了，顿时慌了神，个个晕头转向、抱头鼠窜。

这是焦裕禄在家乡几经战场积累的战斗经验，他让两边枪弹齐发，加上山谷的回声，听起来宛如两挺机关枪。敌人一时摸不透他的兵力，怕孤军深入，落入陷阱，故而一闻枪响便心惊肉跳、落荒而逃。

焦裕禄以自己的机智勇敢、沉着坚定，赢得了群众的信任，也给他们增添了勇气和力量。

在焦裕禄的带领下，村民不再害怕地主老财进行反攻倒算，他们挥舞起拳头，同地主恶霸作斗争，解决了缺衣少食的问题。

焦裕禄十分顺利地完成了党交给他的给贫雇农分配斗争果实的艰巨任务。

这年冬天,著名的淮海战役打响了。

焦裕禄离开尉氏,随军继续前进。他带领一支支担架队,冒着严寒,顶着风雪,奔赴炮火连天的淮海前线,迎接新一轮的挑战,谱写新的辉煌。

07 智擒黄老三

1949年初，焦裕禄在完成了支前任务之后，从淮海前线重返尉氏，受命到大营区担任副区长，负责领导这个区的剿匪反霸斗争。

焦裕禄又来到了山峦起伏、黄沙弥漫的大营区。

大营区是尉氏县的穷沙窝，也是方圆百里闻名的土匪集结地。群众中流传着这样一句话："大营九岗十八洼，洼洼里头有响马（土匪）。"

小的不说，光说有名的土匪头目就有一百多个。这些土匪整日无恶不作，群众苦不堪言。

当时的区政府设在大营村。

这是一个小集镇，黄老三是这里的土匪

头头。

1948年的春天,解放军虽然把他豢养的土匪团伙打散了,但他仍不死心,希望有朝一日,卷土重来。

黄老三乘着自家的骡马大车,整日东奔西跑,躲在暗处,勾结使坏,指使他的喽啰爪牙,夜聚晓散,到处凶杀、倒算,闹得人心惶惶。有的土匪还伺机夜袭区政府,妄图摧毁刚刚建立的人民政权。

一年不到,大营换了几任区长,谁也不敢在此久留。

焦裕禄头戴一顶旧军帽,穿着一件打着补丁的破棉衣,肩上背着一个行李卷,大步流星地走向这如同虎穴狼窝般的地方。

还记得在即将出发的时候,肖利群笑着问焦裕禄:"到这样的地方去开展工作,你心里害怕不?"

焦裕禄笑了笑说:"这有什么好怕的?土匪也是人嘛!"

焦裕禄到达大营后,立即以村为基点,开始了联合群众的工作。鉴于上次在尉氏的教训,他充分认识到了人民群众的重要性。这次,他要利用群众的力量,斗败匪首黄老三。

经过十几天的明察暗访,焦裕禄了解到李贵、梁大和朗头等受黄老三迫害最深,反攻倒算时,家里的东西被洗劫一空了。

于是,焦裕禄天天都去这几家看一看,谈一谈,还给他们打水、搬柴、抱小孩。一提黄老三,他们都恨得咬牙切齿,但又担心横添祸端,不敢明目张胆地反抗。焦裕禄理解他们的心情,就给他们讲团结一致、齐心协力的重要性。

李贵、梁大等人早就听说过焦裕禄在彭店的故事。他们异口同声地对焦裕禄说:"焦区长,你说咋办就咋办吧,我们听你的!"

很快,焦裕禄带领着他们走家串户,把大营区苦大仇深的穷人都组织了起来。大家紧密地团结在一起,准备对抗匪首黄老三。

东躲西藏的黄老三得知情况后,惊恐万状、寝食难安,但转念一想:"不就是个新来的副区长吗?能有多大能耐!市长都拿我没办法呢!"他暗中指使喽啰爪牙,想赶在焦裕禄摸清情况前偷袭区部,给他一个下马威。

一天深夜,大营北边的山川寺古庙里,正中央放着一张大圆桌,周围坐着各个分区的土匪头头。他们正在大碗喝酒,大口吃肉,一把把手枪全都安静地躺在面前的桌子上。

正当他们醉意醺醺、得意忘形之际,忽见一人从天而降,不偏不倚,双足分毫不差地落在圆桌的正中央。众土匪吓得目瞪口呆、不知所措。来人眼疾手快,早将他们放在桌面上的手枪,全部收入腰间,又举起两把盒子枪对准了他们的脑袋。

"你……你是谁?"一个土匪结结巴巴地问。

"我?"那人狠狠地在桌面上跺了一脚,满桌酒肉飞溅,"我就是你们今晚要杀要剐的焦裕禄呀,你们都不认识?!"

众土匪一听,傻了眼,全都愣在了那里。

原来,焦裕禄接到情报,知道这伙匪徒当晚要偷袭区部,便与李贵等人率领二三十个民兵,悄悄地包围了山川寺。

"好啊!来得正好,省得我再去找你!"众土匪见焦裕禄孤身一人,都站出来准备将他拿下。但为时已晚,李贵按照焦裕禄的部署,早已率众民兵扑了过来,将土匪们牢牢围住。

土匪们一见这阵势,都乖乖地举手投降了。

山川寺擒匪的故事,像神话般在大营一带传扬开来。只要一提到焦裕禄,人人都竖起大拇指,连声夸赞。

有了群众的尊重与信任,焦裕禄开始大显身手开展工作。一方面,他将大营分成相互关联的几个乡,建立联盟,巩固成果；另一方面，他大力宣传"首恶必惩，胁从不问，立功受奖"的政策，打算从内部瓦解敌人。在焦裕禄的整顿下，大营一带的土匪恶霸，渐渐被人民群众运动的汪洋大海湮灭。

一天，梁大向焦裕禄报告说："焦区长，我看见黄老三的兄弟黄守彦大摇大摆地回来了，赶快把他捆起来吧。"

黄守彦也是大营地区出了名的匪首，他作恶多端，还逼死了梁大的妻子。焦裕禄早前与梁大合计，要将他捉拿归案。不料这时，焦裕禄异常平静地说："先不要打草惊蛇，等他住下再行动。"

梁大早就想将黄守彦千刀万剐了，他不由得大声质问焦裕禄为什么。焦裕禄看了他一眼，没有解释，只是温和地说："别急，我保证给你一个满意的交代。"

区政府办公室里，焦裕禄脸上挂着微笑，来回不停地踱着步。

这时，黄守彦独自一人主动找上门来，说是要见焦区长。

"黄老大，你找我有何贵干？"焦裕禄不动声色地问。

"没事，没事，"黄守彦瞄了瞄四周，闪动着鬼眼说，"兄弟是个好交朋友的人，想跟焦区长交个朋友，不知赏脸不赏脸啊？"

"只要你弃恶从善,从此与人民为伍,我可以考虑考虑。我焦裕禄是绝不会跟土匪做朋友的!"焦裕禄十分严肃地说。

"对,对,"黄守彦连忙躬身点头,"可大营的土匪恶霸是黄老三,我也是身不由己,受他指使的。只要焦区长高抬贵手,兄弟愿效犬马之劳。"

黄守彦这天主动上门,其实是费了一番心思的:共产党所到之处,蒋介石的队伍节节败退、溃不成军。既然共产党的政策是"立功受奖",只要他协助抓到黄老三,自己也就平安无事了,说不定还能在这混个事干干呢。

"你若真心想立功赎罪,就把你的罪恶以及大营区土匪的情况一一向政府交代清楚。若再顽固不化,任你逃到天涯海角,我照样把你追回来。"说罢,焦裕禄就让黄守彦走了。

当然,焦裕禄心里明白,这样不好向群众交代,尤其是梁大,但想捉住黄老三,不得不冒这个险。

放走黄守彦,果然起了分化、瓦解敌人的作用。一些隐匿的小地主、小土匪,见黄守彦在家自由自在,还时不时往区政府跑,担心被他出卖,便也带着武器主动向政府投案了。

这样一来,释放的土匪就多了,受害群众渐渐不满起来。

这天,梁大带着十来个民众一同来到区政府前,质问焦裕禄:"焦区长,你口口声声说要为穷人报仇,怎么将土匪一个个都放了呀?"

焦裕禄见他们一个个气呼呼的,先招呼他们坐下,笑了笑说:"这叫作放长线钓大鱼!"然后,焦裕禄耐心地给他们解释,只有进一步分化、瓦解敌人,才能使黄老三陷入孤立无援的地步。大家听焦裕禄分析得在理,不满也就烟消云散了。

梁大不好意思地说:"焦区长,是俺错了。俺以后一定全都听你的,不再犯这样的错误了。"

党的分化、瓦解敌人的政策,发挥了巨大的作用。不少有罪的人,递交坦白书,投案自首;几个罪恶深重、不肯自首的家伙,也在黄守彦提供的地点,一个一个地被捕了。大营区只剩下一个顽固不化的大恶霸——大土匪头子黄老三,还在逍遥法外。

为了早日消灭地主恶霸,焦裕禄指挥大营区的民兵分头行动,准备开展一场轰轰烈烈的围剿顽匪的人民运动。

夜晚,他很少在区政府睡觉。为了侦察敌情,他与李贵、梁大一起经常连夜守在村头车棚或田间草地。一个个不肯向人民政府投降的顽匪被捉拿归案了,匪首黄老三像枯水坑中的鱼，终于浮出了水面。

一个漆黑的夜晚，焦裕禄率领民兵直奔位于尉氏西北方的尚村，活捉了残害人民的恶狼黄老三。这个黄老三见他在大营一带的喽啰爪牙都被焦裕禄铲除殆尽，便潜逃到西北部的邢庄、尚村一带，这里曾是尉氏县头号匪首曹十一的老窝。黄老三准备网罗曹十一的残匪，妄图养精蓄锐、东山再起，殊不知他根本逃脱不了焦裕禄和人民群众早已为他张开的天罗地网。

民兵们把黄老三押进区政府，绑在一棵大树上，李贵组织民兵看守，这招来了很多围观的群众。黄老三指名道姓地破口大骂焦裕禄，惹怒了看守的民兵和群众。

焦裕禄并不放在心上，反而哈哈大笑："你尽情地骂吧！你越骂，我越高兴，总算是为民除害了。"

呈请上级批准后，焦裕禄主持召开了公审恶霸、大土匪黄老三的群众大会。

会上，怀着深仇大恨的贫苦大众，一个接一个地指着黄老三的鼻子，控诉他的滔天罪行。几万双铁锤般的拳头，几万双充满仇恨的眼睛，吓得曾经气焰嚣张的黄老三浑身打战。

根据黄老三的罪恶事实和群众要求，经上级党委批准，焦裕禄宣布依法判处黄老三死刑。恶贯满盈的黄老三，得到了他应有的惩罚。

　　大营一带的群众终于过上了太平安稳的日子。他们到处传颂："毙了黄老三，大营晴了天。"

08 农业翻身仗

　　焦裕禄镇压了黄老三，打胜了关键性的一仗。因此，他在群众中有了很高的声望。不久，焦裕禄被任命为大营区区委副书记兼区长。

　　在剿匪反霸过程中，焦裕禄的足迹遍布大营区九岗十八洼。在为人民剿匪除霸的同时，焦裕禄看到风沙也是大营的一大灾害。它吞没着良田，毁灭着庄稼，害得大营贫苦百姓颗粒无收、饥肠辘辘。焦裕禄决心帮助大营人民从风沙口中夺回粮食，打一场漂亮的农业翻身仗。

　　经过实地考察，他发现大营北边的山坡是一个大风口。每年这里不知滚过多少给人民造成饥荒的黄沙。

"一定要想办法堵住这个风口！"焦裕禄经常思考着这个问题。

经过多次调查访问，他与区民政助理小马，提出了在大营北边的沙坡上压柳防风治沙的方案。

当时，大营群众的生活十分困难，焦裕禄采取以工代赈的办法，让生活困难的群众扎柳树：扎一棵，四两麦。

柳树买来后，焦裕禄天天去北岗上同群众一起扎柳树，他还编了快板给群众鼓劲：

贴上膏药扎上针，
沙岗黄土能生金。
满城尽是黄金时，
家家户户享太平。

不到一个月，大营北边的沙坡上就建造了长八里、宽八里的防风固沙育林区。

造好防风固沙的育林区后，焦裕禄夜里还是睡不着，常常半夜里穿衣下床，坐在灯下，一边看书，一边思考。

通讯员小虎问："焦区长，该睡个囫囵觉了。这大半夜的，你怎么还在看书？"

"我睡不着呀。大营的群众虽然过上了太平的日子，但他们还缺衣少食，过不上温饱安乐的生活啊！"焦裕禄忧心忡忡地回答道。

焦裕禄白天外出考察，夜间找有经验的老农商量对策，让大家出主意、想办法，一心想要改变大营的穷困面貌。从春到夏，从夏到秋，一直到寒冬腊月，焦裕禄还在九岗十八洼里废寝忘食。岗上需要造林，洼里需要翻淤挖沙……他规划着、设想着，恨不得转眼之间，大营就变成一个丰衣足食的乐园。

麦收之后，焦裕禄走访了许多村庄社队，看到他们那里的收成并不像预想的那样好。有些地方，亩产只有七八十斤。有一块二十亩的麦地，麦秆只有一拃高，割下一打，收的还没种的多，可怜农民们辛辛苦苦白忙活一场。等所有的麦子收完后一决算，卖了公粮，除去种子、肥料，每人只能分到六七十斤麦子。好多农户，刚收罢麦就断粮。大家都唉声叹气，愁眉苦脸，有些生产队干部安慰着说："别发愁，过几天我就去公社申请批发返销粮。"此情此景，深深地印在了焦裕禄的脑海中。

"是该打一场农业翻身仗了，"焦裕禄想，"党正在号召大办农业，自己是一个党员干部，应该积极响应党的号召，深入农业第一线，调动人民群众的积极性，大力发展生产。如果连温饱都解决不了，何谈建设国家社会呀！"

因此，他更坚定了大力发展农业这个信念。

焦裕禄将了解到的情况和自己的想法向县委作了汇报，县委决定由焦裕禄组织一班干部进行一次全面的农业调查，并制定出一个彻底改变大营，乃至整个尉氏农业落后面貌的规划。

焦裕禄将调查组分成几个小队，分头行动，尽快、深入地掌握全县各地的地质、水文情况以及群众的思想状况。他与县农林局的老李一道，常去门楼、通院、彭店等一带下乡调查。

这天，焦裕禄和老李到了通院，看见当地的农会主席石喜正和几个大队干部蹲在村南的蔡河岸边低声商讨着什么。

通院的地势西北高，东南低。一到春夏，地势低洼的东南处一片白碱，种麦不保苗，全指望秋季能有个好收成。可是，前几天下了一场大雨，沟里的积水排不出去，放眼望去，一片水光，秋庄稼全被淹没了。

石喜一见焦裕禄，连忙站起来，红着脸说："焦书记，俺辜负了你的期望，没把农业整顿好，没脸见乡亲父老。"

焦裕禄说："今后好好干就是了。别灰心丧气，遇事要多动脑筋想办法。"

"想什么办法呢？一坡尽是水，干脆养鱼算了！"石喜赌气说。

"其实养鱼也不失为一个好办法，"焦裕禄突然间来了灵感，"但如今有水养上鱼了，冬天水一撤，地干了，咋办？鱼又不是庄稼，能在土里生长。"

焦裕禄说得石喜和另外几个队干部咧开了嘴，但他们笑了几下也没笑出声来。

"别光顾着发愁了，"焦裕禄说，"我把我的想法跟你们说一说，看中用不中用？"

他们一个个抬起头来，一脸严肃地看向焦裕禄。

"地势低洼不用怕，分亩挖沟抬高它。"焦裕禄像念诗一样。

"一下大雨，地沿冲塌了怎么办？"

"四周压上条子柳，编篓编篮钱上手。"

石喜笑了："焦书记又编开顺口溜了。"

"不是我编的，是从别的地方听来的。"焦裕禄望着他说，"石喜呀，不能光守在自家门口，也得走出去长长见识，好多地方过去还不如通院呢，可如今岗岗有树林，坡坡有果木，洼洼好庄稼。人家脱贫变富啦，你们不如人家了，咋不脸红呢？再不好好干一番，脸红的日子还在后头呢！"

"好，听书记的，今冬我们就下手去干！"石喜坚定地说。

"对，不能再等啦！"焦裕禄接着说，"今冬，你们先从蔡河入手。你们呀，就只顾瞎忙活。流沙淤积，河底比堤外的地都高了，怎能往下排水呢？上游大水来了，不往外漫才怪呢！你们往下挖五尺，抬高堤坝，在河沿栽上柳树，既固堤，又成林，几年以后，绿茵茵的，也让外人知道它是条河。"

听焦裕禄这样一分析，石喜等人才恍然大悟。

经过几个月的实地考察，焦裕禄根据大量的第一手资料进一步修改、完善了他曾设想过的根治"风沙、盐碱、内涝"、改变尉氏农业生产面貌的规划。

他风尘仆仆地回到县委，将这份规划交给第一书记夏凤鸣。焦裕禄希望趁此农闲时节，立即在全县掀起一个疏通河道、根治内涝的高潮。

"太好啦，太好啦！"夏凤鸣看完规划，一时激动得热泪盈眶，"尉氏要多来几个焦裕禄该多好啊！"他不由得心生这样的感叹。

夏凤鸣二话不说，立刻将这个规划分到各个乡镇，整个尉氏顿时积极性空前高涨……

几年以后，焦裕禄因工作调动经过尉氏，他特意赶到大营、通院一带，想看看常常令他魂牵梦绕的地方如今是什么模样。

焦裕禄走进了尉氏县委,见到了第一书记夏凤鸣。

夏凤鸣笑道:"'第一点半'书记回来了呀!"当时,夏凤鸣是县委第一书记,薛德华是第二书记兼县长。

这虽是一句玩笑话,但其中也含有赞誉,在夏凤鸣心目中,焦裕禄真能顶一个半,甚至是两个人。

出了西城门,一条大路,由东往西。这路,他熟得不能再熟了。以前在这工作时,这条路他来来往往不知走了多少次。

沿途的洼洼岗岗,路边的花花草草,路面上的风穴沙窝,他都一清二楚。

然而这天,他走着走着,忽然惊讶起来,眼前的一切,早已不是原来的样子,变得既熟悉又陌生。熟悉的是地形,陌生的是面貌。

他走过的每道山岭,密密麻麻长满了洋槐,枝繁叶茂,郁郁葱葱;每片山坡,种着一行行桃、杏、梨、柿等果树,新果初挂,光彩照人。

他所望见的岗岭之间的洼地里,全是绿水围绕的麦田,麦子穗大秆壮,齐刷刷一片金黄。

这是昔日盗匪遍布、人烟稀少、鲜见庄稼的大营区吗?

慢慢地,焦裕禄又辨认出来了,这里正是他愿意为之抛头颅洒热血的大营区！眼下这道岗，正是当年活捉黄老三时跨过的二道岗。这里留下过他的脚印，洒下过他的汗水。

走进村口，焦裕禄就一眼瞅见几个红光满面的村民正在收拾农具，他们边忙边聊，有说有笑。

焦裕禄走近一看，正是李贵等人。他们抬起头，见是他们日思夜想的焦区长，都围过来，问这问那，一连问得焦裕禄都答不过腔来。

"怎么不见梁大呀？"焦裕禄问。

"他呀，死啦！"一位中年妇女说。

"真的？"焦裕禄心里一阵惊悸，眼里不觉涌出泪花来。那位妇女见状忙说："他现在在北岗护林，坟地都看好了，说是死了也要埋到老焦栽的柳林里。"原来，这位中年妇女是梁大新娶的妻子，因丈夫一门心思都扑在那片林地里，不免心生埋怨。

焦裕禄被深深地感动了，他没想到，自己只是做了一些分内的事，人们就如此敬重他。

仔细一看，焦裕禄才发现村民们也都变了样。他们穿的不再是开花袄、烂衣襟了。他们也不会再吃野菜糊、糠饼子了。

大营成了尉氏的模范村，还被评为林业先进单位，获得过好几面红旗。人们为了时刻谨记焦裕禄在这里的功绩,便把最初那处防风林所在地命名为"红旗岭"。

09

革命爱情

1949年的秋天,焦裕禄的秘书兼助手二亮正伏在办公桌上写材料,一位二十多岁的漂亮女青年走进办公室,轻声问:"同志,你是区政府的负责人吗?"

"什么事?"二亮头也不抬地问。

女青年从衣袋里掏出一封信递给二亮。

二亮拆开信一看,顿时热情起来,笑着说:"原来是新派来的办事员啊,我带你去见焦书记。"

女青年腼腆一笑,跟着二亮来到了焦裕禄的住室兼办公室。

焦裕禄正和小马在商量事情。

二亮说:"组织上又给我们调来一位同志!"说完,便把介绍信递给焦裕禄。

焦裕禄看后说:"好,姓徐,叫俊雅,好名字。刚才还在商量这件事呢,农会组织刚刚成立不久,许多人没过上几天好日子又开始有各种问题了。在以后的工作中,亟须配一位女同志做青年团和妇女的工作。正巧,你就负责这方面的事情吧!"

送走徐俊雅后,焦裕禄和小马继续研究巩固农会组织的策略。

农会组织趋向瘫痪的是尉氏一个叫门楼的小镇。这是一个有着一百五六十户人家的村庄,处在尉氏、长葛两县交界的地方。过去官、匪、霸纠合,曾把这里的贫苦农民压得喘不过气来。剿匪反霸时,焦裕禄几次到过这个村庄,帮助贫雇农建立了农会和民兵组织,镇压了恶霸土匪的嚣张气焰,农民翻身当了主人。

没想到,为时不久,门楼竟出现了一个令人痛心的局面:本来信心满满的贫雇农,一个接一个地退出了农会组织,撒手不干了。

这究竟是什么原因呢?

焦裕禄反复思考着这个问题,不由得走到了门楼镇。

门楼的村民们十分熟悉焦裕禄,他们时常想着除掉恶霸、消灭土匪黄老三的焦区长。

当焦裕禄走进村口时，村上的一些男女老少都朝他围拢过来。不料，他与群众还没说上几句话，就见一个"刀疤脸"风风火火地走过来，向群众大喝一声："大家散了吧，焦书记该进农会了。"

群众见状，都惊慌失措地四散走开了。

"刀疤脸"连忙点头哈腰，伸手从腰间掏出一包烟，递给焦裕禄。焦裕禄没有接，向他摇摇手说："既然你让大家散了，你也去吧。"

"刀疤脸"讨了个没趣，悻悻地走开了。

在回去的路上，焦裕禄碰到了正在做调查的徐俊雅。两人结伴同行，一起到了旺福家。

徐俊雅走过去敲了敲门，开门的是旺福三岁的孩子。

"小朋友，你爹妈在家没？"徐俊雅摸摸小孩的脑袋，低声问。

旺福听到声音，从里面走出来，一见是焦裕禄，就打开了话匣子……

从旺福口中，焦裕禄得知门楼农会之所以瘫痪，是坏分子王六搞的鬼。王六，外号"老严嵩"，既阴险，又狡猾。经过剿匪反霸，他发现再进行公开的凶杀倒算有困难，就千方百计地破坏农会组织。他用尽卑鄙手段，收拢一个兵痞，也就是"刀疤脸"，打入农会，掌握了村中政权。

原农会的主要干部都被"刀疤脸"拉下水来，一时间，敌人的气焰十分嚣张，广大贫苦农民都不敢说话。虽然有几个贫农一直坚持斗争，但因多数群众顾虑重重，始终没能改变门楼的状况。

从旺福家出来后，徐俊雅对焦裕禄说："你以后出门小心点，那个'老严嵩'诡计多端，坏点子多着呢！"

焦裕禄笑着问她："你怕不怕他？"

"怕，谁不怕？"

"他比黄老三如何？"

徐俊雅脸一红，笑了，她笑自己一时忘了眼前这位正是当年活捉黄老三的大英雄。

从此，这个皮肤微黑的瘦高个儿，打动了徐俊雅的心。

第二天，焦裕禄同徐俊雅就领着工作队开始行动。第一场，斗得"老严嵩"低头认罪；第二场，斗得村中兵痞"刀疤脸"瘫软如泥。事后，焦裕禄还成立了党课班，他亲自给大伙上党课，要他们提高警惕，严防阶级敌人的收买拉拢，并且要发扬党的优良传统。

徐俊雅在这位"顶头上司"热情干练的指挥下，忙宣传教育，忙发动群众，虽跑腿熬夜，却干得心甘情愿、乐乐呵呵。

这天，徐俊雅找焦裕禄汇报工作，听见焦裕禄的住室里传出了优美、动听的二胡声。

徐俊雅推门而入："呀！焦书记，你的二胡拉得真美！"

焦裕禄说："在南下路上，党组织分配我搞宣传，这样逼着我学会了拉二胡，当演员。"

"你们在南下路上演什么？"

"演过《白毛女》《血泪仇》等等，一下想不起来啦。俊雅同志，你演过戏吗？会不会唱？"

"演过几次，会唱几句……"

"那好哇！到春节时，咱们排演几出戏吧！"

"你考虑着咱们该演什么？"

"还演《血泪仇》和《白毛女》吧……"

"我提议咱俩演一出《小二黑结婚》，你扮小二黑，我演小芹。"

焦裕禄腼腆一笑："不行，我比你大七八岁，不像，不配。"

"那怕啥？你不会打扮得年轻一些吗？"

小马推门进屋："我听见你们俩商量演《小二黑结婚》呢，研究得怪细啊，刚好可以凑一对。"

焦、徐二人的脸都红了。

一天，春光明媚。

徐俊雅拿起围巾，边往脖子上围边说："妈！我要上班去了。"

"妮子，你先别走，娘跟你说个事儿。"

"什么事儿？等我回来再说吧！"

"闺女呀！娘和你哥托人给你找了个好小伙儿，你抽时间去看下。"

"妈，这个事您别操心，我自己会找的！"

"这一家是老门老户，孩子人品也好，比你大一岁。"

"妈，你别说了，我已经找好了。"

"啊？找好了？谁呀？"徐妈妈大吃一惊。

"是咱的区长——焦裕禄。"

"不行，不行，他是干部，整天东奔西跑的，没个安稳地。"

"干革命，自然是人到哪儿，哪儿就是家。"

"他多大了？"

"二十七八岁吧。"

"那更不行了，大七八岁。"

"俺俩感情好，又在一起工作……"

哥哥听到了，进门指着徐俊雅说："你要不听我的话，以后就别进我家门，俺也不认你这个妹妹。"

徐俊雅一听，趴到床上哭起来。

焦裕禄来到院子里，问："家里有人吗？"

徐妈妈把焦裕禄迎进屋里。

"俊雅在家吗？"焦裕禄温和地问。

"她身体不舒服，病了。"

徐俊雅一听是焦裕禄，立马掀开被子起身坐好。

"我找你商量春节演戏的事，你身体不舒服，就好好休息吧，改日再说。"

徐俊雅边下床边说："你一来我就好了。走，咱商量工作去！"

徐俊雅领着焦裕禄走出屋门。

焦裕禄和蔼地说："大娘，我改天再来看您，您多保重身体。"

徐俊雅边走边将刚刚发生的事告诉了焦裕禄。焦裕禄问："你说，咱俩的婚事该怎么办呢？"

徐俊雅一脸幸福地说："马上就登记结婚。我妈妈以后一定会接受你的。"

区政府的会议室里，桌子上堆满了水果和喜糖，人们笑嘻嘻地在吃喜糖……

马振武大声宣布："婚礼正式开始！"

门外响起鞭炮声。

小马高声喊道："第一项，新郎新娘就位！"

焦裕禄和徐俊雅胸前各戴一朵大红花，面带笑容地走到桌前。

人们鼓掌，嬉闹……

"第二项，拜天地！"

"第三项，夫妻交拜！"

参加婚礼的人把焦裕禄、徐俊雅推向对方，头碰头地又行了鞠躬礼。最后，小马又宣布："根据大家的要求，临时增加一项，夫拉妻唱。就是焦裕禄拉弦，徐俊雅唱戏。"

台下一阵哄笑声。

徐俊雅边发喜糖边跑，被几个女青年拉了回来。

徐俊雅的脸有些发红了："你们叫我唱啥呢？"

"听说你和焦书记要演戏的，演的啥戏？先唱一段给大家听听。"

"我们准备排练《小二黑结婚》。"

"那正好，'小芹'和我们的'二黑书记'来一段。"群众中有人起哄，气氛越来越热烈。

正在这时，徐俊雅的哥哥扶着徐妈妈来了，大家赶紧让座。徐妈妈是个明事理的人，她反对这门婚事主要是舍不得唯一的女儿，怕她将来吃苦，但知道焦裕禄的故事后，悬着的心也就放下了。

有了家人的祝福，徐俊雅高兴得眼泪都要掉下来了。

焦裕禄掂着弦子，站起来，熟练地调弦定音，新娘却红着脸，不肯唱。"你就给大家来一段吧，唱不好没关系。"焦裕禄说。

　　焦裕禄拉起二胡……

　　徐俊雅唱起小曲……

　　那晚，月儿真明！那似水的纯美月光，那同共和国一起新生的纯美生活，从此拉开了序幕。

10 崭新课题

1953年春天的一个晚上，焦裕禄回到家中，徐俊雅正在收拾整理衣服。

徐俊雅埋怨道："怎么这么晚才回来啊？饭菜都凉了。"

焦裕禄接过徐俊雅递过来的碗，一边盛饭一边回答："会议刚刚结束，临时接到一个调令。"

"谁的调令？"

"我的。"

"又要调到哪里去？"

"洛阳矿山机器厂。"

徐俊雅脸上露出不愉快的表情："我们刚

刚建立起小家庭，你就又要调动，就不会向党组织申请留下，让别人去吗？"

焦裕禄耐心地说："俊雅呀！国家已经开始大规模的工业建设，需要大批优秀干部，加强工业战线。党组织决定调我到工业线上去，这是对我的信任和考验。应该听从党的分配，哪里需要就到哪里去，咱们小家得服从国家啊！"

徐俊雅听了，低下头，一言不发。

焦裕禄走过去，拍拍她的肩膀说："我何尝不想留下呢，可我是书记，我不带头谁去呢？你放心，我在那边一安顿好，就派人来接你。"

九朝古都洛阳通往谷水的路上，一辆吉普车在吃力地行进着。车上坐着的，是我国第一个五年计划中的重点项目之一——洛阳矿山机器厂筹建处的干部们。

此刻，他们要到厂区基建工地去。

这是一条通往西安的古栈道。

唐代诗人杜甫，当年骑着瘦骨嶙峋的毛驴，从东都洛阳起程，沿着这条栈道，经新安、走石壕、过潼关，而后到达西京长安。那千古不朽的《三吏》《三别》，就是他在旅途中的所见所闻。

道路两旁，野草萋萋。如今，祖国的建设者们正在打破这漠漠荒原的沉寂，三五成群的测绘人员正在聚精会神地挥旗、插标、看仪表，观测经纬度，为我国现代化大工业——洛阳矿山机器厂选择基地。

吉普车像茫茫碧波中的一叶扁舟，在剧烈的颠簸中缓缓前行。杂草丛生的原野上，调派来的工作人员在车上议论纷纷。焦裕禄没有参加讨论，他那炯炯有神的眼睛尽力捕捉浮动在眼前的一切景象。

两年前，轰轰烈烈的剿匪反霸、土地改革等工作顺利结束，担任尉氏县大营区区长的焦裕禄，被调到中共陈留地委工作，不久就成了第二副书记。

前一年，党中央发出了开展大规模经济建设的号召，焦裕禄和他的工作伙伴们便告别了熟悉的农村，来到古都洛阳，参加祖国新型工业的筹建。之前，为了搜集施工需要的水文、地质资料，这条古栈道，焦裕禄不知走过多少次了。厂区基建工程目前正在紧锣密鼓地全面铺开。这条走马驴、行牛车的坎坷不平的小路，已经成为影响工程进度的主要障碍了。

正当焦裕禄为厂区的基建进度陷入深刻思索的时候，吉普车"嘎"的一声，在一座小桥头停了下来。桥面太窄了，桥身也不稳固，要过桥的车辆，必须一辆接一辆地过去，许多车正排着队在等。

乘客们一个个从车上跳了下来。

目睹着前面一辆辆满载基建材料的卡车被堵在这里，基建科临时负责人周培营和材料科副科长梁禾打起嘴巴官司来。

"伙计，工地上已经停工待料两天了，你今天再不把水泥、沙子给我按时送到，拖延了工期，拿你老兄是问！"

周培营和梁禾都是跟焦裕禄一起从山东南下到河南，又一起从郑州地委转战到洛阳的老战友。他俩一会儿吹胡子瞪眼睛，一会儿又亲热得不得了。所以，像周培营这种尖酸刻薄的话，梁禾早已司空见惯了。因此，便也毫不客气地顶了回去："就你急，我比你还急呢！外地调来的材料把货场的地都快压塌了，可路不修，桥不架，成千上万吨水泥、沙子堆在这里，你叫我长一百个肩膀，也给你扛不完啊！"

厂筹建处主任路远征将视线从拥挤的桥头收回来，迅速扫视了一下在场的干部，轻轻摆了摆手，制止了他俩的唇枪舌剑，诙谐地说："看来，修一条从火车站到厂区的公路，就不用我再讲它的重要性和迫切性喽！那么，谁来担起这个任务呢？"

望着路主任那期待的眼神，像是当年在战场上听到指挥员发出冲锋号令一般，焦裕禄神情激动地说："不就是修一条白天黑夜、晴天雨天汽车都能跑的路吗？这有什么难的，我来干！"

路主任赞许地点点头，说："从现在起，你就是筑路指挥长了，有什么困难尽管提，我一定想办法满足你。"

焦裕禄心潮澎湃，他仿佛看到灿烂的阳光下，一条宽广坦荡的新路正从他的足下，一直延伸到看不见的远方……

筑路指挥部设在涧河拐弯处的一个小村庄里。老槐树下，技术员史建才和贫农孟大爷正在教育孩子们要爱护轧路机。

焦裕禄走过来，史建才连忙向孟大爷介绍说："这是我们筑路部指挥长，焦裕禄。"焦裕禄一面自报姓名，一面和孟大爷等乡亲们亲切交谈起来。谈话中，焦裕禄了解到孟大爷是个老桥工，当即决定由他来担任筑路大队长。

然而，工程还没开始就碰到了困难。修一条通往厂区的路要经过一座大桥，必须用桥墩加固路面。因此，费用远远超出了之前的预算，资金严重不足。

焦裕禄决定发动群众，拉开工程建设的序幕。

在动员大会上，路主任、周培营、梁禾及其他30名市领导同志，每人当场捐款100元，场内顿时爆发出雷鸣般的掌声。

"我捐上 300 元，为洛阳机器厂尽自己微薄之力，算是我的一点心意。"焦裕禄走到捐款箱前如是说。

当时的 300 元，是焦裕禄大半年的工资，他将本来要寄给母亲和妻子的生活费全都捐了出来。

在场的群众受到焦裕禄的影响，纷纷走向捐款箱，有的实在拿不出钱，就将自家的粮食、鸡蛋等，放到台前，留给筑路工作队。

群众的捐款，再加上国家新补助的款项，资金问题算是暂时得到了解决。

一天，一个由民工队长、技术员、老工人参加的"诸葛亮会"正在进行。老工人阿根建议，先进行实地勘查，清理路基。他毛遂自荐，愿当清理路基的负责人。民工二队队长阿庆也不甘示弱，献计献策，主动请战。

会议进行得如火如荼时，梁禾闯进来说："老焦，修路进程得加快啊！厂区工地急需建筑材料，运输老是跟不上，大家都快急死了。"焦裕禄点点头，算是答应了老梁的请求。

为了加快筑路进程，焦裕禄深入群众，广泛征求意见，反复修改筑路方案，并在孟大爷和史建才的帮助下，用秸秆做了个浸水桥模型。

通讯员通知焦裕禄到筹建处开会，审订修路方案。会议开始后,焦裕禄拿出模型,详细地介绍他和群众一道设计的路面及桥梁方案。这个方案能保证整个工程在汛期之前完工,并能节约资金十万元。主持会议的路主任对焦裕禄深入实际、联系群众的工作作风十分佩服,给予了高度评价。

焦裕禄将所有心思都花在了修路上,白天黑夜连轴转,结果累病了。但他连歇一口气都顾不上,就带病回到了工地。路主任、周培营、梁禾等也都到筑路现场和群众一起光着膀子干活。

紧张、欢乐的劳动工地上,焦裕禄和筑路工地副主任梁禾抬着一大筐土飞跑着。周培营没有放过这个取笑梁禾的好机会,大声说:"老梁啊,我看你真是长翅膀了。"

"这你就是外行了吧,我可踩着'风火轮'呢!"梁禾也不甘示弱地回敬道。

大家听了,都哈哈大笑起来。

为了让这对"冤家"能更好地斗嘴找乐,焦裕禄干脆让他们俩抬土,自己光着膀子抡大锤。他将大锤抡得呼呼作响,桥桩一分一分地嵌进河底。

六月的天,就像孩子的脸,说变就变。刚才还骄阳似火,晴空万里,霎时间就乌云密布,瓢泼大雨倾泻直下。

焦裕禄冒雨带着民工,扑进涧河急流,筑起人墙护桥。

就这样,焦裕禄跟民工们夜以继日、风雨兼程,提前一个月完成了修路大业。

阳光下,新修的公路宽阔坦荡,笔直地伸向远方。车辆再也不用排队过桥了,交通畅达,运输便利,厂区筹建工程也在顺顺利利地进行着。

这天中午,路主任气喘吁吁地跑来对焦裕禄说:"裕禄呀,告诉你一个好消息呀,组织上已经决定,公路修好后,派你到哈尔滨工业大学上学去。"焦裕禄听了,心潮澎湃,无比激动。

上大学可一直是焦裕禄的梦想,他只在梦中想象过大学的样子,没想到这天梦想成真了,教他如何不激动呢!

焦裕禄拉着路主任的手说:"谢谢党组织的信任,我一定好好学习,不辜负党组织对我的栽培。"

几个月后,焦裕禄背上行囊,一个人踏上了去哈尔滨的旅程。阳光温和地照在他神采奕奕的脸上,焦裕禄知道:新的挑战正在等着他,新的征程才刚刚开始。

11 外行变内行

和煦的春风,又一次吹绿了涧河岸边的杨柳,染红了山岭的桃花,整个洛阳沉浸在融融春色中。这个时候,焦裕禄和一批实习干部,刚刚离开冰封雪飘的哈尔滨,来到濒临渤海湾的大连市。

1954年8月,焦裕禄到哈尔滨工业大学学习。按原定计划,他要在预科补习班学完中学的数学课程,再入本科学习五年。但由于洛阳机器厂投产时间提前,急需熟悉工业管理的知识骨干。所以,组织决定,让只在学校待了半年光景的焦裕禄中止学习,到大连起重机器厂实习。

大连起重机器厂，是一个有着四千多人的现代化工业大工厂。焦裕禄等人到厂后，厂里专门给他们安排了三天参观时间。第一天进厂，看到鳞次栉比的大厂房和上下班时潮水一样的人流，他们都感到说不出的神秘与新鲜。同焦裕禄一道来实习的梁禾，惊讶得张大了嘴巴。

感叹了一阵之后，梁禾忽然想起了什么，拉拉焦裕禄的胳膊说："还记得吗？1948年，咱们南下到河南，初进开封城时，参观过一个纺织厂，那个厂总共才几十个工人。"听梁禾提起那段往事，大家都陷入了回忆之中。

那是他们从农村出来的干部第一次接触工厂。那时，刚从国民党反动派手里解放不久的开封城，除了有三两个不像样的手工作坊外，城市工业几乎是一张白纸。

提起那次在开封参观，藏在梁禾心中好几年的一个疑问在此时忽然冒了出来。他说："我早就听说过一种叫'千斤顶'的家伙，力气很大，这几年一直没机会见到。这回来到这个大厂，我一定要看看这种机器究竟有多大！"

正在大家争论不休的时候，梁禾忽然听见一阵巨响，只见半空中一架长桥似的庞然大物，吊着一个碾盘大小的齿轮，正冲着他飞驰而来。梁禾吓得急忙蹲在地上，下意识地用手护着脑袋。等到这个庞然大物飞过去后，他惊叹得跳起来："这就是传说中的'千斤顶'，太厉害了，还会在天上飞呀！"

在他旁边的工人忍住笑告诉他，这叫天车，是起重机的一种，这个厂主要生产的就是这种产品。

"这……这不是'千斤顶'啊，那哪个才是呢？"梁禾仍不死心地追问旁边的工人。

那位工人顺手从旁边拿起一根铁棍对他说："这就是啦！"

"啊！这就是'千斤顶'，这也太……"梁禾大失所望，不禁怀疑这位工人是不是弄错了。

那位工人不明白梁禾的心思，又指了指前面一个像秤砣一样的东西说："那也叫'千斤顶'。"大家见梁禾一脸不可思议的样子，都哈哈大笑起来。

一位工作人员带他们来到机械车间，顷刻间，各种机器工作的声音交织在一起，像一支正在进行的交响乐曲。再看看那些机器：天上跑的，地上爬的，更多的是像牛群一样卧在地上的。它们有的按工种排列，有的按零件流水线分布，使人眼花缭乱。焦裕禄恨不得把这一切都看在眼里，记在心里。他对现代化工业产生了浓厚的兴趣，心里滋长了一种迫不及待地要学习的强烈愿望。

突然，他发现前面一个飞速旋转的砂轮上，"嚓"地冒出一簇耀眼的火花。一位戴眼镜的老师傅在教一个学徒工打钢花、辨材质。焦裕禄急忙来到老师傅跟前仔细看：只见老师傅拿起一块原钢靠在砂轮上，立刻出现一束火花组成的"干梅枝"，接着，迸出一簇稀疏的线状火花。焦裕禄看得入了迷。

几天的参观时间很快就过去了，梁禾到厂部学习科学调度，焦裕禄被分配到机械车间当实习主任。

真正的工厂生活开始了。

焦裕禄每天早早地吃完早餐，来到车间，把里里外外打扫得干干净净，等待上班铃响起，迎接工人们来上班。接着，他就跟在工人师傅的身后，帮助擦机床，搬零件，打下手，常常弄得满身油渍，满头大汗。他听说工厂是流水作业，一件产品往往要经过多道工序，最后才能成为一个完整的零件。于是，他就跟着被加工的零件，按工序跑遍车间大大小小的车床，直到把每一道工序的加工情况摸透才肯罢休。

有人不解地问："焦主任，你是来学习当领导的，不跟着车间主任转，做这些粗活有啥用？"

焦裕禄严肃地说："不懂生产过程，怎么能领导好生产呢？"自此，大家都非常热心地跟焦裕禄讨论生产流程的每一个环节。

到车间上班以来，焦裕禄越来越感到自己有很多的缺点与不足。自己以前是个地地道道的农民,整天跟锄头、土地打交道,对工业是一窍不通。来到车间后,整天见到的是钢,摸的还是钢,可自己对钢铁并不了解。他原先认为就只有一种钢,自从那天看见老师傅打钢花、辨材质以后,才知道钢分很多种,并且各有各的特点,各有各的用途。于是,焦裕禄下定决心,一定要学习和了解各种钢材。

他打听到那位会辨认钢铁材质的老师傅名叫张万宝,便在一天晚上敲开了张师傅的门。一见面,焦裕禄便诚恳地说明了来意:"张师傅,我是来求您收我当徒弟。"

张万宝吃了一惊。焦裕禄来到车间后,许多人都说,这位衣着朴素的干部在地方工作时就是一位全心全意为人民谋福利的好领导。可张万宝并不相信,他见过表里不一的领导。一些领导徒有虚名,骨子里根本就是一窍不通的门外汉。这天,他见焦裕禄如此谦虚地拜自己为师,才知道工友们的传言并没有错。因为上层领导干部如此虚心请教,这在大连起重机器厂还是头一次。

这个厂是从日本人手里接过来的。在日伪统治时期,厂里管理人员都是日本人或日伪汉奸,他们是用棍棒和皮鞭来管理工人的。解放后,这个厂又来了许多苏联专家,这些人似乎习惯了发号施令,指手画脚。

焦裕禄来时,虽然大多数苏联专家已经撤走了,可是,厂里实行的还是他们的"三级一长"管理制度，命令主义在厂里依然流行。领导和工人之间，隔着一堵无形的墙。如今，这个实习主任真诚地拜他为师，他怎能不激动？怎能不惊奇？他立即戴上老花镜，把自己多年来积累的经验倾囊相授。

第二天上班时，焦裕禄手里拿着一块钢来到张万宝的车床前，请张师傅示范如何加工。磨完了一块，焦裕禄又从口袋里掏出一块，递给张师傅。他一连递了五六块，问得详细，看得认真。这一下，张师傅乐了，笑嘻嘻地问："老焦啊，你的口袋成了万宝囊了。"

焦裕禄说："师傅，您就别取笑我了，真正的万宝囊在您心里呢！"

张师傅一边示范，一边说："老焦啊，我看你是个有心人，有刨根问底的钻研劲，准是把工业好手。我跟你说句心里话吧，若想要入门，必须得学会看图纸。图纸是工业的语言，不会看图纸，就等于是个哑巴，永远只能做个外行人。"

焦裕禄十分感激地说："张师傅，我一定尽力去学，以后您还要多多帮助我啊！"

为了加快学习图纸的步伐，焦裕禄和同来学习的干部都进入了工人夜校学习。晚上回到家里，妻子和孩子都已经熟睡了，焦裕禄还在涂涂改改、忙个不停。星期天他从来就没有休息过，不是蹲在车间里加班就是在家里研究各种各样的机器图纸。

一个星期天，梁禾到焦裕禄家找他下棋，一进门，见焦裕禄披着上衣，蹲在板凳上，望着对面墙上贴的几张线条纵横交错的图纸出神。

"老伙计，你干吗呢？"

"我学识图呢！"焦裕禄眼也不眨地回答。

他走过去，伸手点了点图纸对焦裕禄开玩笑说："伙计，你这个人干啥就迷啥，咱刚来那阵子，你一天到晚跟着加工零件跑，说是要弄清什么操作流程。这一阵子，又一天到晚钻到图纸里。我看，你准是和图纸对上眼了。"

焦裕禄笑笑说："瞧你那出息，一边去！干啥都必须钻进去，不然就学不到真本领，做不了内行人。"

梁禾深深地了解了焦裕禄的性格，他不禁想起几个月前那个令人难忘的下午。

那是焦裕禄、梁禾、周培营他们在哈工大预科班学习的时候，学校举行秋季运动会。当时，一万米长跑没人报名，眼看就要报缺了，焦裕禄走上前去，写下了自己的名字。

比赛前，梁禾与周培营担心焦裕禄撑不下来，劝他干脆弃权算了。可是，他不同意。比赛开始不久，焦裕禄被远远地甩在后面。在前四名已经冲线、其他争不上名次的运动员纷纷退场时，焦裕禄还有四圈没有跑完。但他毫不气馁，独自一人围着赛道跑啊跑，坚持跑完了万米全程。运动场上，所有的人都被他的毅力折服了，会场总指挥特意命令拉线员重新为他拉起红线，号召全场观众为他鼓掌……

想到这里，梁禾不由得对自己的老战友肃然起敬：就凭他这种坚持不懈的精神，他一定能成为工业上的行家能手。他想着自己可得好好向焦裕禄学习，不能拖后腿。

于是，他收起了带来的象棋，与焦裕禄一起钻研起图纸来。

焦裕禄用自己顽强的毅力克服了学习上的重重困难。在实习期间，他不仅掌握了每种工件的操作流程，更是学会了连工程专业人员都头疼的识图、绘图方法，从一个什么都不会的农村干部，变成了一名出色的工业能手，真正实现了从"门外汉"向"行家能手"的转换。

12 主动让房

在大连起重机器厂职工宿舍区的一幢三层楼房里,有一套只有两个房间的房子,向阳的一间是十七平方米,另一间只有十三平方米。

焦裕禄一家老少七口人,都住在这套房子里。房间外面,有一个厨房,这是四户共用的。爱人徐俊雅也当了干部,和焦裕禄一起从洛阳来到大连起重机器厂实习,学习的是统计。四个孩子,年纪尚小,由姥姥照看着。他们住得虽不太宽敞,却也其乐融融。

一天晚上,焦裕禄感到身子有点疲乏,便走到自来水管跟前,拧开水龙头,用冷水洗了洗脸。顿时,倦意全无,整个人都清醒了过来。

他深深吸了口气，抬头看着工厂迷人的夜色：那闪烁的万家灯火，犹如坠落到人间的满天星斗，又像被东风吹开的火树银花。看！东边天际怎会忽然腾起一片紫红色的云彩？对了，那一定是铸钢车间在铸钢时产生的灿烂火花。

目睹着这一切，焦裕禄的心头涌起对祖国现代化工业建设的无限热爱，他想到自己肩上的重任，便顾不得多休息一刻，匆匆扭头走向车间办公室。

忽然，前面不远处隐隐约约传来一阵婴儿啼哭的声音。

焦裕禄循声走去，在更衣室里看到一个嗷嗷待哺的婴儿正放声大哭。不用说，一定又是哪位工人的孩子。许多工人忙于工作，没时间照看孩子，便把孩子带来车间，趁工作间隙，顺带照看一下自己的娃娃。

焦裕禄走过去，轻轻地把孩子抱在怀里，慢慢地走进主任办公室。他轻轻地晃动着孩子，努力将胳膊放平，使孩子像躺在摇篮里一般。他从热水壶里倒了一杯水，加了一些白砂糖，搅匀后，用勺子小心翼翼地喂给孩子喝。这孩子一定是饿坏了，整整喝了大半杯白糖水。吃饱喝足后，孩子在焦裕禄的怀里满意而安静地睡去，嘴角还挂着一丝甜蜜的笑意。

焦裕禄轻轻地把孩子放在值班室的床上，又脱下身上的粗呢外套，搭在孩子身上，这才转身重回办公桌前，继续之前的工作。

工人于红敏一直在紧张地吊运着零件，待活儿轻松一些的时候，她才想起该给孩子喂奶了。于是，她走出车间，来到更衣室。一看，孩子竟然不见了！三更半夜的，谁抱走了孩子呢？

她急得像热锅上的蚂蚁，赶紧四处寻找，可哪有孩子的踪影啊！她急得大哭起来，许多工友知道后，都跑过来帮着一起找，他们找遍了整个更衣室仍毫无收获。

"难道是孩子饿了，自己找吃的去了？"一位工友半开玩笑地小声嘀咕。

"才几个月大的孩子，爬都不会，哪会走呀！"于红敏急得大喊。

正在大家六神无主之际，值班室的老钟跑过来告诉于红敏说，焦主任刚刚来过，看看是不是他把孩子抱走了。

于红敏来不及多想，转身就往门外跑，快到主任办公室时，她透过窗户，看到焦裕禄正一手端个茶杯，一手拿个小勺，小心翼翼地给孩子喂水。暖气包上，挂着孩子的尿布。

她三步并作两步来到主任办公室门口，连门都顾不得敲，激动地喊了声："焦主任，您……"

焦裕禄温和地说："以后上夜班，就把孩子放这里好了。

这里安静，也暖和些。"

于红敏听了，眼睛里涌出感动的泪水。

焦裕禄刚要问于红敏把孩子放在车间的原因，调度员小万气喘吁吁地跑过来，要焦裕禄去车间处理问题。焦裕禄立即放下手里的活儿，和小万一同大步流星地往车间走去。

原来，是一个叫刘应卿的车工不听调度，拒绝接活。

此时的刘应卿忐忑不安，神色黯然地站在车床前，准备接受一场"暴风雨"般的洗礼。

焦裕禄和小万来到刘应卿的车床前。焦裕禄见刘应卿的神情十分紧张，便和蔼地说："刘师傅，我不是来批评你，也不是来给你下命令的，是来和你商量怎样才能把这批活儿干好。你有什么困难，说出来，大伙一起想办法解决。"一席话，把紧张的气氛缓和了下来。

刘应卿看着焦裕禄那亲切的面容，多么想把心里的苦恼，一股脑儿地吐出来啊。可是，不知道为什么，话到嘴边，他又咽了回去。

这时，在一旁干活的张万宝插嘴说："如今正是社会主义建设时期，谁不愿意干活？别说他们年轻人，就我这糟老头，还总想为国家出点力呢！可是呀，那些工长根本就不把我们放在眼里！"张万宝看了看不远处的工长，对欲言又止的小万说:"你放心,我马上帮小刘改个模具,保证今晚完成任务。"

老工人的一番话令焦裕禄的心情久久不能平静。他没有马上离开,而是留下来同张、刘二人一起研究改进模具的方法。当他们把这件事做好时,车间里响起了下班的铃声。

焦裕禄跟张万宝住在同一个单元楼,一起下班回家的路上,焦裕禄向老师傅打听刘应卿的情况。刘应卿和于红敏是夫妻,不久前,刘应卿才从厂外调来,由于厂里新房没有盖好,他们只好一直住在离市区很远的东郊。两个月前,小于生了第三个孩子,刘应卿的家庭负担更重了。上个月,杨工长交给他一批活儿,本来应该镗半孔,可杨工长却错将一张镗全孔的图纸交给了刘应卿。刘应卿见了图纸,觉得不太对劲,当场就跑过去问杨工长,杨工长看都没看,不耐烦地说:"依葫芦画瓢都不会呀!照图纸做不就得了!啰唆个啥?"

结果,整批零件全成了废品。杨工长不仅不自我反省,反而罚了刘应卿200元。这下可好,刘应卿白忙活不说,还要往里倒贴。这就给本来就拮据的家庭,带来了更大的经济困难。

打这以后,刘应卿就变得谨小慎微,凡遇到工艺要求模棱两可的活儿,他就不敢接。这次小万给他下达校内齿轮的活儿，是吊车零件中最难干的一种。刘应卿过去没做过，担心做不好又被罚，所以才闹出了刚刚那一出……

张万宝的话就像一把重锤敲在焦裕禄的心上，他感到十分难过。半年多来的耳闻目睹，他进一步感受到这个厂现行制度的不合理，特别是后勤工作的脱节，已经严重压制了广大职工的积极性和创造性。

那天焦裕禄知道刘应卿夫妇没有房子住的情况后，回来就和徐俊雅商量，准备让出一间房给刘应卿夫妇。在和焦裕禄长期共同的生活中，徐俊雅已经很了解焦裕禄的待人处世风格。他如果知道谁有什么困难，若不设法去帮助解决，就会吃不下饭，睡不着觉。所以，焦裕禄一提出让房子，她就痛痛快快地答应了。不过，她提出让出那间十三平方米的小房间，而焦裕禄则要让出十七平方米的大房间。

徐俊雅说："那一小间，咱这七口人住不下呀！"

"我早就设计好了，把阳台利用起来，晚上把铺盖铺上，让小梅、小庆和小云睡在那里，早上再卷起来。这叫合理使用有效面积，实现资源的优化配置。"焦裕禄说完，风趣地笑了起来。

徐俊雅瞪了焦裕禄一眼，嗔怪地说："你总是有理的！反正我说不过你，就依你的意思办吧！"

一天下班后，焦裕禄对刘应卿说："刘师傅，听说你还没分到房，上下班不方便，我的那一套房子还有多余的房间，你们夫妇要是不嫌弃，可以搬进去住。"

刘应卿一听，高兴坏了，满口答应。

星期六下午，厂里下班早，焦裕禄夫妇亲自帮刘应卿夫妇搬了家。正巧，小梅和小庆放学回家，他们听说搬来个新的叔叔和阿姨，也都乐呵呵地来帮忙。到晚饭前，刘应卿的新居算基本上安置妥当了。

焦裕禄主动让房的消息很快传到了工人们的耳朵里。几个得到消息的工人，催着青年监督员小万赶紧写篇表扬稿送到厂广播站去。

晚饭后，小万送了稿子，顺便给焦裕禄捎回一个开会通知，因此特地到家找他。进门一看，只见焦裕禄一家七口全都挤在一个小房间里，角角落落都塞得满满当当，两个小些的孩子已经在阳台的地铺上睡着了。

小万非常感动，正想说些什么，正巧刘应卿夫妇吃完晚饭，前来道谢，见到此情此景，一下子呆住了。

刘应卿上前一把抓住焦裕禄的手说："焦主任，我不知道……我以为……"

焦裕禄夫妇一边热情地招呼他们进来喝茶，一边劝慰着刘应卿说："咱们都是兄弟。谁有困难，都应该互相帮

103

助嘛。再说,这一间就够我们住啦,你们也是上有老下有小的。"

小万听到这里,只觉得鼻子发酸,激动得泪水差点掉下来。他赶紧掏出厂里的开会通知递给焦裕禄,就急忙告辞向楼下跑。徐俊雅留都留不住。

在一楼,小万差点把一位迎面走来的工友撞倒。

那位工友问:"你慌慌张张地干啥呢?火烧眉毛了?"

小万一边跑,一边没头没脑地回答:"我没时间跟你开玩笑,我要去广播站修改那篇稿子,最感人的场面还没写呢!"

"哪篇稿子啊?"

"焦主任主动让房的表扬稿啊!"小万一边飞奔,一边回答。

事后,厂领导高度表扬了焦裕禄这种先人后己的无私精神。新单元楼盖好后,厂领导给焦裕禄分了一套宽敞的大房子,但焦裕禄却说宿舍已经住习惯了,把新房子留给更需要的人吧。

焦裕禄就是这样的一个人,他处处为工人着想,在利益面前,很少想到自己。正因为这样,虽然来了没几个月,但全厂上下,没有一个工人不尊敬、不佩服他的。

13 与专家赛刀

时间如白驹过隙，转眼间已是1956年的岁末了。从大连归来的焦裕禄，实习期已满，现在担任洛阳矿山机器厂一金工车间主任一职。

两年前布满坟丘的涧西原野，如今已矗立起巍峨的厂房。矿山机器厂、东方红拖拉机厂、轴承厂等等，一排数十里，规模比大连的老厂大得多。九朝古都洛阳，成了名副其实的中原第一座新兴工业城。

过了春节，一金工车间出现了一个接一个的喜事：一是厂内主要的机器设备都安装好了；二是从大连起重机器厂调来了一批技术骨干，刘应卿、于红敏、张万宝等也来了；三是一批帮助建设的外国专家和一位叫茹拉耶夫斯基的苏联工艺专家，已经把一金工的工艺模具赶制出来了。一金工的工人们，个个攒了一股劲，心里燃着一团火，都想早日大显身手。

一天，保管员阿根拉住焦裕禄说："焦主任，最近刀具耗损率普遍升高，特别是三米立车，一天连着打断了四把车刀，大家都说这刀角度有问题，真急死人了！"

焦裕禄拍拍阿根的肩膀，安慰道："不要急，你先去找刘应卿师傅，他在这方面有经验，我去找外国专家谈谈，再想想办法。"

外国专家住在一座漂亮的大楼里。焦裕禄轻轻敲了敲茹拉耶夫斯基办公室的大门，一位翻译将他迎了进去。

外国专家正在闭目养神，焦裕禄进去，他根本就没放在心上。焦裕禄把来意告诉翻译："三米立车车刀损坏严重，跟不上进度。所以想请外国专家去看看，想想办法。"

翻译将焦裕禄的话告诉茹拉耶夫斯基，他这才缓缓张开眼睛，慢慢地抬起头，上下打量了一下这位衣着朴实、满身油渍的车间主任。接着，他对着翻译说了一大通俄语，翻译转过身对焦裕禄说："专家说，刀没问题，完全是按照规格做的，出现损耗，纯属正常。"

焦裕禄耐着性子说："这样下去，我们日产一台卷扬机的计划就要落空了。"

翻译将焦裕禄的话对茹拉耶夫斯基讲了以后，只见他眉头一扬，哈哈大笑起来。笑完后，他严肃地说："主任同志，别做白日梦了！日产一台，这在我国都难以实现，更何况你们，才刚刚建成的新工厂。"说着，又装出一副无限惋惜的样子，摇摇头，"异想天开，真是异想天开！"

听了这些，焦裕禄非常生气，但却异常平静地回答："日产一台，绝不是异想天开，我们一定能做到，你就等着瞧吧！"

第二天，焦裕禄一走进车间，阿根就兴奋地告诉他，刘应卿帮他把刀头角度改进了一下，又好使，又耐用，前一天三米立车工作了一下午，车刀到现在还没有磨损。工友们见状，都跑过来找刘师傅改刀。改进之后的车刀，又快又好，大家别提多开心了。

焦裕禄接过阿根手里的刀，一试，果然跟他说的一样。

焦裕禄找到刘应卿和其他几个有经验的车工和技术员，来到三米立车前，要大家重新对这两种车刀进行对比分析。实验证明，经改进后的车刀，工作效率明显高于专家刀。等焦裕禄带着胜利的喜悦离开车间时，太阳已经落山了。

然而，他们高兴得太早。因为按照厂里的规矩，这种改革若不经过外国专家同意，会以违反工艺操作规程为由被禁用。为此，第二天上午，焦裕禄又一次走进了外国专家的办公室。

外国专家看都没看修改后的车刀，脑袋摇得像拨浪鼓，连声说，不行，不行。这些刀的规格早已载入他们的百科全书，不能擅自更改。

焦裕禄非常冷静地听他说完，走出了办公室。

他早知道会是这样的结果，所以，他决定实行第二个方案。

焦裕禄组织厂里的常委们临时开了一个会，研究对付外国专家的方法。

路书记说："已经有很多人反映了这个问题，只是他们是国际友人，处理不好会影响中苏两国之间的关系。"

焦裕禄说："这好办，咱们举行一次三米立车车刀表演赛，请专家们参观、鉴定，让事实说话，怎么样？"

这个大胆的提议，引起了大家极大的兴趣。大家一致认为，办一次车刀表演大赛非常有必要，这也许是让外国专家同意的最好办法。

最后，路书记对焦裕禄说："据目前情况来看，一部分工艺规格，确实阻碍了生产的发展。希望这次的车刀表演大赛，能使他们从中受到一些教育。当然，也有在事实面前拒不认输的人。许多人对工艺改革的认识也不一致，这就是我们当前生产斗争的复杂性和艰巨性。老焦，你回去好好准备一下吧！"

第二天，与专家赛刀的消息不胫而走，一下子传遍了车间的每一个角落。当人们知道这次赛刀是由焦裕禄亲自主持时，都意识到这次赛刀的意义绝非寻常。不过，也有少数工人在心里嘀咕：和外国专家赛刀，有必胜的把握吗？这个焦裕禄，胆子也忒大了吧！

时间还不到两点半，三米立车周围，早被围了个水泄不通。其他车间听到这个消息，也有不少人赶来观战。大家纷纷交换着对这次赛刀的感想和看法。

这天的三米立车显得异常神气，它那像城门一样高大的"立"字形身躯，给人一种威武雄伟之感。

焦裕禄站在立车悬挂的车板上，俯视着前来参观的人群。他在认真考虑这一场无硝烟的战斗打响之后，可能发生的各种意外。

刘应卿这会儿像一个初上战场的新兵，除了感到新鲜和陌生之外，还非常紧张。但是，当他看到焦裕禄那充满信任与期待的目光时，立刻踏实了许多。

墙上的挂钟"当！当！当！"响了三下。

恰在这时，路书记、厂长陪着外国专家茹拉耶夫斯基和其他专家组成员来了。焦裕禄宣布了比赛的流程后，大喊一声："开始！"

站在操作台前的刘应卿点了点头，转过身，面向主席台，用拇指启动了电盘。随着"唰"的一声，大卡盘飞速转动起来。接着，刀架开始移动，车刀慢慢插进早已压好的卷扬机齿圈里。

机声隆隆，指示灯一闪一闪，几百双眼睛全都被眼前这把神奇的车刀吸引住了。卡盘飞旋着，蓝色的钢屑顺着刀尖"流"了出来，很快，它又蜷曲着运行起来，像弹簧，像海螺，异常灵动、壮观……

行家一看就明白，这台机床的操作者是费过一番苦心的。观众里不知是谁喊了声："好！真是把宝刀啊！"话音未落，全场响起了雷鸣般的掌声。

工艺专家茹拉耶夫斯基这会儿心情异常激动，不由得暗暗嘀咕："这帮中国人真是爱折腾！像这样精准的切割技术，在我们国家也难得一见，可你们却还嚷着改革工艺规格，简直是乱弹琴。"想到这里，他那白净的脸上掠过一丝不易觉察的冷笑，斜眼看了看站在一旁的焦裕禄，弯腰从地上捡起一段冷却了的钢屑，递给路书记，嘴里叽里咕噜地说了一大通。

翻译告诉路书记，专家说，这样的刀已经很好用了，为什么还要改革？

路书记笑着望望焦裕禄，那意思是老焦同志，现在你就给我们一个解释吧！

焦裕禄走到茹拉耶夫斯基身边，说："专家同志，这是工人们自己设计的车刀，您设计的刀子，下面才开始表演呢，您可要睁大眼，仔细瞧好啊！"

茹拉耶夫斯基顿时紧张起来，满面通红。这哪里是车刀表演，摆明了是要挑战嘛。他真想发一通脾气，但看到台下那么多观众，终于没能发作。他就不信，眼前这个其貌不扬的车间主任能赢得了那许多受过专门训练的工艺专家。于是，他清了清嗓子，用夹生的中文喊道："工艺车刀——拉（拿）来！"

焦裕禄一招手，刘应卿立即从工具箱里捧出六把由外国专家组设计磨成的车刀，依次摆在操作台上。

为了确保赛刀的胜利，茹拉耶夫斯基从口袋里掏出放大镜对准车刀刀头，进行了严格挑选。左挑右选，最后，他终于从六把车刀中挑出一把自己最满意的交给刘应卿。

刘应卿熟练地关闭了电源，换好了车刀，又按照工艺要求重新调好了车床转速和切削用量，接着，马达又吼叫起来。

卡盘开始转动，但是明显可以看出，比刚才慢多了。

钢屑不是顺着刀尖往外"流",而是一块一块往下"渗",刀杆颤抖着,发出微弱的呻吟声。大家都为这把车刀捏了一把汗,茹拉耶夫斯基的心都快提到嗓子眼了。忽然,"嘣"的一声,一块核桃大小的合金刀滚到了这位外国专家的脚下……

顿时,他的脸上好像被谁狠狠揍了一拳似的扭曲着,涨得通红。

这位外国专家,气得哇哇大叫,经翻译后,大家才明白过来,原来,他怀疑刘师傅造假。因此,他要自己调整车床,再来一遍。

为了让这位外国专家彻底死心,大家答应了他的要求。

茹拉耶夫斯基学着刘应卿的样子,认真而仔细地校准了车床,又挑了一把他自认为无懈可击的车刀,亲自按下了电源按钮。但这把车刀的命运,比前一把更加悲惨,还没卡进车床,它就"英年早逝",折成两半了。

会场下的观众见状,一个个笑得东倒西歪。

茹拉耶夫斯基的脸色青一阵红一阵的,这一刻,他肯定想找个地洞钻进去。

"专家同志,请您对我们的刀具提点意见。"刘应卿忍住笑上前,礼貌地问了一句。

"你们的……咳咳,你们的刀具——可以……使用。"

众目睽睽之下,他终于说出了自己最不愿说的几个字。

其余的专家都纷纷竖起大拇指,连声称赞:"好!好!"

焦裕禄扫视了一下人群,走上前,用洪亮的声音宣布:"从现在起,我们自己革新的车刀,就是加工卷扬机齿圈的合法工艺车刀!"

人们卖力地鼓起掌来,有些工人眼角还流出了激动的泪水。

"但是,"焦裕禄加重了语气,继续往下说,"革新,没有止境。所以,我们的车刀改革并没有到底。我们要继续学习,实现日产一台卷扬机的伟大计划,加速我国工业化建设的进程!"

14 『轻伤不下火线』

工厂的夜晚静悄悄的。

往日的机器轰隆声都听不到了。这一年，正是三年严重困难时期，由于原材料缺乏，车间几乎全部停产，只有几个车间还在运行。跟以前相比，整个工厂几乎陷入了瘫痪局面。

由于锻工车间有一批中空轴的质量有问题，焦裕禄连续在这里工作好几天了，就连吃饭，也是爱人徐俊雅差人送过来的。

这批中空轴，是包头钢铁公司生产的焙烧窑的关键部件。质量没保障，后果将不堪设想。焦裕禄对之前生产出的部件反复研究，这天夜里，终于改进了操作方法，突破了中空轴的质量关。

为了尽快完成生产任务，焦裕禄让工人连夜把这批铸件运到一金工车间，以便早班工人一上班就能动手装配。铸件运到后，焦裕禄叫锻工车间加夜班的工人回去休息，只让小王一人留在这里清理现场，他自己出去寻找运输用的小推车，好将铸件分别安装在各个工段位置。

焦裕禄没有找到他需要的小推车，就往锻工车间的方向走。忽然他觉得肝部一阵剧痛，不得不停住脚步，用手狠狠地按住疼痛的地方，蹲在原地休息了一阵子。这时，他看到地上有一根草绳，就捡起来，用力缠在腰间。也许是心理作用，也许这种"压迫止疼法"真的管用，不一会儿，他觉得不那么痛了。

焦裕禄走进车间，来到小王的身边，尽量装出神采奕奕的样子。他拍了拍小王的肩膀，风趣地说："来，小王，咱俩干脆把铸件抬到各个操作台去得了。"

"抬？"小王马上反应过来，明白是焦裕禄没有找到小推车。他看着焦裕禄那越来越单薄瘦弱的身子，心疼地说："等天亮了，我再找几个人来吧，这么多，得抬到啥时候去！"

"到哪找人去？"焦裕禄边说边把中空轴用绳子捆好，用铁管往里一套当扁担，"别废话了，快过来！"

小王知道焦裕禄的脾气，拗不过他，只好屈身半蹲，将铁管搁在肩上，等后面的老焦起身。等了半晌，也不见后面用力，他忍不住回头望了一眼。这一望，吓得铁管都从肩上滑落了下来。

只见焦裕禄垂着头，捂着腹部，一颗颗豆大的汗珠从他那沾满灰尘的额上不断沁出，一根草绳从他的腰间掉下来。显然，刚才一用力，绳子断了，疼痛也加剧了。

"老焦，你怎么了？"小王嘴边的肌肉抽动了几下，急得泪水都出来了。

焦裕禄没有立即回答。他攥紧拳头，狠命抵住疼痛的地方，过了片刻，才缓缓抬起头，煞白的脸上浮出一丝笑容。他尽量装出若无其事的样子，说："没事了，有些困了，休息一下就好了。"

"老焦，我……我送你去医院。"小王一看就明白了，这一定是焦裕禄的肝病又犯了。他很自责，自己这个助手太不称职了，对领导照顾不周，以致让疾病发展到这个地步。

"上哪门子的医院呀？来，咱俩换个位置，我在前面，你来后头，快！我数一二三，起！"

小王不知如何应对，只好顺着焦裕禄的意思。他趁焦裕禄不注意，偷偷将绳子往自己这边挪了挪，然后踩着焦裕禄的步子，慢慢往前移。

等到所有的铸件安放好，天已经快亮了。这一次，小王没有顺着焦裕禄的意思办事，坚持将他扶到了医务室。

经过初步检查，医生断定，焦裕禄的肝炎已经恶化了，再加上连续熬夜，又犯了十二指肠溃疡，这些，严重威胁着他的健康。他每天只能吃二三两流质食物。本就消瘦的脸庞，如今更加消瘦了，两处颧骨显得分外凸出。

在科里的同志及爱人老徐的软硬兼施下，这天上午，焦裕禄只好到厂医院去看病。大夫要给焦裕禄做一次详细检查，他以上午还要开会为由，婉言拒绝了。

"焦主任，我们现在正在推广一种新针疗法，不用药，不耽误时间，又很有效。您不妨试一试，不会耽误您太久的时间的。"大夫好像看穿了焦裕禄的心思，面带微笑地说。

焦裕禄犹豫了一下，没有吭声。

大夫趁机说："病好了，才能更好地工作，焦主任，您说是吧？"

焦裕禄沉吟了一下，这才答应。

刚刚扎上针，忽然听见外面响起了一阵急促的救护车声音，大夫们都往急救室赶去。焦裕禄知道是发生了工伤事故，便扯掉针头，跑出去照顾伤员。

一切安排妥当后，焦裕禄同护送伤员的工人一起回工厂了。到车间后,他又是查看事故现场,又是向安全、技术部门提出防范措施。就这样,他一直忙到下班铃响后才回家,完全忘了自己也是带病之躯。

回家的路上,碰到了路书记,两人边走边聊,非常开心。

突然,焦裕禄感到腹部传来一阵剧痛,刚才一忙,他的胃又开始"造反"了。路书记发现了焦裕禄的不对劲,一边扶着他,一边追问是咋回事。焦裕禄强忍着痛,讲述了上午在医院扎针后照顾伤员的简单经过。

路书记望着焦裕禄消瘦的脸庞,动容地说:"你呀,不给你下命令,你是不会安心休息的。"

第二天,焦裕禄"被迫"住进了厂里的一所职工肝炎疗养所。

路书记亲自送他来的这儿,临走前还风趣地拍着焦裕禄的肩膀说:"老焦啊,这次住院,上面给你下了三道命令,第一,安心养病;第二,安心养病;第三,还是安心养病。"

"那我就趁这个机会,把自己这台机器来一次彻底的检修,准备迎接新一轮的挑战。"焦裕禄也笑着回答说。

疗养所内,一位姓任的大夫为焦裕禄做入院后的第一次全面检查。他看着焦裕禄缠在腰和胸部间的一根筷子粗的绳子,不解地问:"焦科长,这是干什么用的?"

焦裕禄边解绳子边解释说:"我经常觉得身上翻江倒

海地疼，用绳子捆起来，就觉得好受些。这也算我发明的一种器械疗法吧！"

任大夫让焦裕禄躺下，在他的肝部仔细而又小心翼翼地按着，那里已经有不少的腹水了。很显然，焦裕禄的病情正在恶化。任大夫沉默了，他不敢相信，站在自己面前的，竟是一个严重的肝病患者。他更不敢想象，焦裕禄到底忍受了多大的痛楚。他又敬佩又心疼地说："焦科长，您真是一条铁汉子啊！"

在疗养所里，焦裕禄一刻也闲不下来。只要病痛稍微轻点，他不是帮护理人员扫地、倒垃圾，就是给重病人员喂饭、打水等等。为了活跃病房中的沉闷气氛，他常常在饭后，给病友们唱一些家乡小调。夜深人静时，他就借着病房外走廊上微弱的灯光看与工作有关的文件、书籍。他还要求科里的同志每周派人来汇报两次生产情况。他像一个因负伤而被迫离开战场的指挥员一样，尽管坚信自己的战友能攻下敌人的阵地，可还是要想尽一切办法，尽可能地掌握战斗实况。

这严重影响了焦裕禄的治疗，任大夫"切断"了这些联系，希望焦裕禄能安心治病。

联系虽然切断了，可焦裕禄那重返生产前线的想法更加强烈。他每天都抽空站在疗养所的院子里，凝神静听远处厂房传来的机床的隆隆声。

这一天傍晚,焦裕禄照例站在院子里听厂里的动静。听着,听着,他的脸色骤然变了。不对,那熟悉的五吨锤声怎么听不到了?他快步走进任医生的办公室,一把抓起电话,拨了过去:"接调度室!"

电话通了,接电话的是周培营。

焦裕禄急切地问:"老周啊,锻工车间今天是不是出问题了?"

周培营明白,如果跟焦裕禄说了实情,他铁定是不会再待在疗养所养病了。因此,他说:"老伙计,你安心养病吧,一切正常!"

"少跟我打哈哈,五吨锤出了故障,到底怎么回事?"焦裕禄严肃地说。

周培营一愣,是谁嘴这么快?问题刚发生,就通风报信去了!"齿轮断了一根,我也是刚知道。老焦,是谁告诉你的?"周培营想,一定要狠狠批评一下那个冒失鬼。

"我——"焦裕禄故意卖关子,"我有顺风耳呀,站在疗养所的院子里,我就听出来了。"

原来,他每天都在静听厂里的动静啊!周培营知道后,不禁在心里惊叹:"真是咚咚锤声连着老焦的心啊!"

挂了电话没多久,焦裕禄就出现在锻工车间。他是趁任大夫不注意，偷偷从疗养所溜出来的！

"老焦，你赶紧回病房去，这里有我就够了！"

"没事，我自己的病我知道。正所谓'轻伤不下火线'嘛！"焦裕禄一边说，一边动手查看五吨锤的情况。

焦裕禄与维修工一道，奋战到大半夜才将新齿轮安装好。

望着焦裕禄那沾满油污的脸，周培营的眼睛湿润了……

"老焦啊，老焦！你啥时候才能学会疼惜自己呢！"周培营在心里默默地说着。

15 迎难而上

六十年代初,兰考大地,风沙肆虐,侵占了大片农田,这里一下子成为全国重灾区。

地委组织部部长办公室里,书记杨仲明和薛部长正在讨论,派谁去兰考主持工作。

"不能再耽搁了,赶紧让老邵去那里开展工作。"杨书记说。

"我跟他谈过两次了,一开始,他说考虑考虑,再后来,就说他爱人身体欠佳,需要人照顾。昨天晚上,我去找他,家里人说他生病住院了。"

"他真的病了,严重吗?"杨书记关心地问。

"这难说，他身体一向很好，能吃能睡的，会出啥大乱子？"

杨仲明换了个坐姿，语气沉重地说："让他去兰考，就是因为他身体不错，又熟悉农村的工作环境。"

"可不是嘛！"薛部长点头附和。

这时，一名干事推门而入，他先向杨书记礼貌地打了招呼，然后，转向薛部长报告说："我去医院了解清楚了，邵同志住的是内科病房，他自己说是得了胃溃疡。"

"大夫说怎么样？情况严重吗？"薛部长问。

"大夫说，查不出溃疡病症。值班护士悄悄告诉我说，今天中午，他还连吃了两大碗米饭呢，根本不像得了胃溃疡的样子。"

"这个老邵，装病也不会装得像点。"

"看来，这个风气得好好整整了。"正在薛、杨二位为派谁去兰考而焦头烂额之际，忽然听到敲门声。干事打开门，焦裕禄笑嘻嘻地站在门边，虽然脸看起来更消瘦了，但目光炯炯，神采奕奕。

杨书记顿了一下，好半天才反应过来："焦裕禄！你个好小子！"

焦裕禄向杨仲明行了个很滑稽的举手礼，十分幽默地说："杨书记，焦裕禄前来报到！"

"你来得够快啊,昨天才接到通知,今天就赶来了。"

"组织上把许多干部从工业线上调下来,说明情况紧急啊,我可不敢怠慢,马不停蹄地赶来了。"

"身体恢复得还不错吧?"薛部长问。

"经过整修,跟过去一样!不信,书记可以亲自检验一下!"焦裕禄拍拍胸口,幽默地说。

"那就好啊!老焦,你对工作有什么要求,尽管提。"

"杨书记,你知道的,我喜欢做有挑战性的工作,你觉得哪需要我,就把我安排到哪里去吧。"焦裕禄大声地说。

大家听了都哈哈大笑起来。

"我一直在考虑你的工作安排,可是,你身体才刚刚恢复……"

"书记,我身体好着呢,请组织放心!"

"可是,那个地方,条件非常艰苦,有名干部听说要派他去那里,吓得装病住院了。"

焦裕禄一听,来了兴致:"那是什么地方?"

杨书记望了望焦裕禄,缓缓地吐出两个字:"兰考!"

"兰考?"焦裕禄重复了一遍。

兰考,东连商丘,西接开封,是通往鲁西南的重要门户。这是个多灾多难的地方,远的不说,这一年的风沙跟暴雨毁坏了近万亩庄稼,再加上盐碱地里被碱死的庄稼,兰考成了这个地区粮食产量最低的地方。成千上万的农民忍饥挨饿,成了难民。

杨仲明严肃地说:"你不要答应得太快了,先和老徐商量一下。兰考是个非同寻常的地方,没有好牙口,这块骨头不好啃,希望你认真考虑考虑。"

晚上回到家里,焦裕禄的心情还未平静下来。他把想去兰考工作的事情对妻子说了,希望得到她的支持。当徐俊雅得知,还未下定论,杨书记只是征询焦裕禄的个人意见时,就劝说道:"既然还未决定,我看你还是三思为好。"

焦裕禄看着妻子的眼睛,问:"你的意见是……"

"如果让我决定,那肯定是不去。兰考灾大人穷,在全国都是出了名的,何况你的肝炎还未痊愈,再一折腾,病情复发怎么办?"

"这不是重点,那点小病算不了什么!我是担心我的能力不够,没经验,无法主持一个县的工作。"

星期天,焦裕禄夫妇领着小梅、小庆、小钢去相国寺游玩。在进门处,围了一大群人,焦裕禄走过去一看,原来是一位中年妇女带着孩子在乞讨。

不少围观者解囊相助,焦裕禄也从自己的衣袋里拿出几张纸币,放在中年妇女身前的破碗里。他带着孩子默默离开相国寺,来到旁边的公园,三个孩子向门口奔去。

由于是周末，公园里熙熙攘攘。忽然，传来一阵悠扬的坠琴声，仔细一听，还有焦裕禄熟悉的河南坠子。

拉坠琴的是一位头发花白的老爷爷，在他身旁伴唱的是位年轻姑娘，十三四岁的模样。

姑娘用浓厚的河南腔唱着：

家住在兰考县固阳八里河

解放前给老财家里扛长活

牛马活儿干了十年整

十年里没吃过好面烙馍

有一天，财主突把善心发

给一烙馍，比纸还薄

一阵风来，烙馍飞上天

俺急忙跟风抢烙馍

一跑跑了二十里

它在空中飘

俺在地上捞

有心追，又怕误了地里活

不追吧，可惜了这十年一次的薄烙馍

这位年轻姑娘唱得婉转动听、风趣逗人，围观的人无不拍手称好。一曲完后，拉坠琴的老爷爷摘下头上戴的已经掉线的帽子收钱。当他走到焦裕禄跟前时，焦裕禄问："大叔，您是哪里人？"

"俺是兰考的。这位是我孙女。"老人指指年轻姑娘回答。

"你们为什么大老远来这里卖唱呢？"徐俊雅接着问。

"她爹娘去年得病死了，地里又遭盐碱，庄稼没了收成，天灾人祸，我们只好离家卖唱，维持生计。"

"我们还算好的，会唱曲，那些没手艺的，只能在家白白挨饿。"姑娘也过来搭腔。

焦裕禄没再说话，他的心情十分沉重。徐俊雅见状，掏出五角钱，放在老人的帽子里，跟着焦裕禄，走出了人群……

深夜，孩子们都睡了，徐俊雅在灯下为焦裕禄补棉衣。

焦裕禄心事重重，大口大口地吞吐着烟圈，在飞腾的烟雾中，他似乎看到了兰考人民挣扎的身影。

焦裕禄再也躺不住了，他起身下床，在房间里来回走动。

"老徐，你别忙活了，咱俩唠唠嗑。"焦裕禄又点了一支烟。

"马上好了。"徐俊雅缝完最后一针，走到焦裕禄身边，把棉衣披在他的肩上,"你想唠什么?"

焦裕禄坐正身子,面对着徐俊雅说:"我思考了许久,还是觉得应该去兰考。"

"可是,那里的条件太艰苦了。"

"要是那里生活条件好,还要我们去干什么?老徐,我想去看看,那里的灾情到底有多严重,我就不信,我们一点办法都没有。"

徐俊雅看着焦裕禄一脸坚定的表情,思考了一下说:"你要去,也可以,但要答应我一个条件。"

"什么条件?"焦裕禄一看妻子答应了,高兴地问。

"我要一起去!你的病刚有点起色,一个人去我不放心。"

"那没问题,明天,我就去找杨书记。"

"那孩子们怎么办?总不能让他们也跟着我们受苦吧!"

"不,孩子们也得去!吃点苦,对他们来说是一种锻炼。再说,兰考人民看到县委书记把老婆孩子都带来了,就知道我们不是'飞鸽牌'的,就会对我们多些信任。"

"照你说的办吧,还是你想得周到。"徐俊雅赞同地说。

一切都商定好后,焦裕禄恨不得插上一双翅膀,立刻飞到兰考去,救人民于水火之中。他对徐俊雅说,他先去那边安顿好，让她跟孩子们紧随其后。

因此，焦裕禄一个人背上行囊，匆匆忙忙地上路了。

在去往兰考的火车上，焦裕禄看着窗外一闪而过的飞雪和树木，陷入了沉思：焦裕禄呀，焦裕禄，尽管你热血贯心肠，可这灾重人穷的兰考县会欢迎你吗？你有把握让人们过上好日子吗？

正在焦裕禄沉思之际，对面的争论声，打断了他的思路。

"这是加拿大杨。"男青年说。

"不对，这是美国杨！"女青年毫不示弱。

"不可能，肯定是加拿大杨，你仔细看看那树杈！"

"不信？你把书本取过来，对对图片！"

焦裕禄仔细打量了一下对面坐着的两位学生模样的年轻人，笑了笑，亲切地说："你们俩都错了。这既不是加拿大杨，也不是美国杨，而是咱中国的大官杨。"

"大官杨？从来没听说过呀！我们书本上没有这个品种。"女孩扬了扬手中的书本，不解地问。

"大官杨，是河南省中牟县大官庄的群众培育出来的新品种。这种杨树，生长快、抗虫害、耐涝耐旱，深受沙区农民朋友的欢迎。"

女孩用崇拜的目光，看着说得头头是道的焦裕禄说：

"大叔，你一定是位农林专家吧！"

"这么说，你们也是为农林服务的小专家咯！"焦裕禄幽默地说。

经过交谈，焦裕禄才知道这两位是主动要求分配到兰考的林业技术员，他们大学刚毕业，男的叫林涛，女的叫文静。

火车靠站后，焦裕禄领着两位年轻人一起走出了车站。望着风沙弥漫的兰考县城，焦裕禄满含深情地对他们说："你们看，这就是兰考，我们到家了。"

也就是从这天起，焦裕禄跟兰考结下了不解之缘。

16 初到兰考

焦裕禄、林涛、文静三人，结伴而行，来到县委。

焦裕禄叫他们俩在外面等着，自己则只身一人走进了县委大院。刚走到大门口，焦裕禄被人拦住了。因为他穿着蓝棉裤，挽着裤腿，粗布的白色里裤都露了出来，头上戴顶破绒帽，背上扛着行李卷，全身上下没有一处像县委书记。

"同志，你找谁？"

"我到组织部报到。"

"有什么事吗？"

焦裕禄从怀里掏出已经有些皱了的介绍

信，递给问他的人。那人一看，信上赫然盖着开封地委的大红章，二话没说，领着他们进院，去找组织部的人了。

兰考当时没有什么像样的招待所，县委院子里有三间青砖平房充作客房，每次地委、省委来人都住在这里。

焦裕禄先将林涛和文静安顿好，才开始张罗自己的事情。

通讯员小李接过行李，开门、洒水、扫地、铺床、抹桌子，一阵忙活。等稍微安顿好了之后，焦裕禄要小李带他去领饭票和碗筷。

小李见焦裕禄坚持，就带他买了饭票，领了餐具。

中午开饭时，焦裕禄跟大家一样，到食堂排队买饭。

有人见小李领着一个陌生人来吃饭，有些好奇，悄悄凑到他跟前问："这人是你亲戚吗？"

小李笑了笑，故意卖关子说："你说呢？"

"我看不太像。"那人瞧瞧小李，又看看焦裕禄说。

"呵呵，眼光不错，这是我们新来的县委书记，姓焦。"

"书记还来食堂吃饭？"那人觉得不可思议，不由得提高了音量。

焦裕禄听到了，转过头来，亲切地对他说："书记也不能搞特殊化，同志们在哪吃，我也就在哪吃嘛。"

兰考人民已记不清这天的具体日子，然而，兰考的历史却将从这天翻开它历史性崭新的一页。

第二天,焦裕禄就骑辆自行车下乡了。他迫不及待地想要看看兰考,看看兰考的乡亲父老。

进了村,焦裕禄才真正体会到兰考灾区的严重局面,不禁为自己以前的无知感到羞愧。

这里的百姓每天能吃上红薯片掺糠都算稀罕;生孩子坐月子的女人,照样清汤寡水;偎在屋门槛上的孩子,大脑袋、细胳膊细腿儿,挺个被水撑圆的大肚子;干活的人,拉犁拽耙,有气无力。

见到此种状况,焦裕禄暗暗在心中对自己说:焦裕禄呀,焦裕禄,你与日本鬼子拼过,枪林弹雨钻过,土匪恶霸斗过,你连死都不怕,还怕这样的困难吗?所以,越是在困难的时候,越要乐观,越要看到光明和希望。一个共产党员不应该被这点困难吓倒!

焦裕禄决定,先从牲口抓起。农家活儿那么重,没有牲口哪能行?所以,他没事老往牲口棚跑。下雪了,他要去看看牲口棚前吊上草帘子没有,饲料够不够;刮风下雨了,就看看屋棚是不是透风漏雨;看见膘肥毛亮的骡子,他就咧嘴笑得像小孩一样。

焦裕禄听说邻村有位叫老韩的饲养员,牲口喂得好,庄稼活精明,有板有眼,就想向他取经。

这天，黄尘蔽日，风沙漫天，焦裕禄推着他那辆破自行车，艰难地向邻村前进。路上，他看见一位老汉用架子车拉着一篓茅草根，吃力地行走着。焦裕禄赶紧上前帮着推车，一直推到上了坡。

"老大爷，这大风天的，你出来挖茅草根作甚？"焦裕禄不解地问。

"今年遭了灾，人缺粮，畜缺草，七口牲口都在槽上张嘴等着我呢，不出来不行啊！"

"您是饲养员韩大爷吧？"焦裕禄高兴地问。

"你认识我？你是……"老韩一头雾水，眯着眼，想不起眼前这位年轻人是谁。

"我是新调来的工作人员小焦，我正要去向您取经呢！"

"向我取什么经呢？"老韩一边走，一边问。

"咱边走边聊吧，我正要去村里找你呢！"焦裕禄接过老韩手里的车绳，两人推着车子，往村里走去。焦裕禄看见麦田里有两位老汉在挖沟填垄，就问老韩："他们挖沟干啥呢？"

"你看这场大风，把麦苗打死的打死，埋住的埋住，再不想办法，就要绝收了。挖沟填垄，多少能挡点风沙，保些麦苗呀！"

"那今年全村的收成如何？"焦裕禄问。

"年年都是'大风收'啊！"老韩风趣地说。

"为什么不用牲口将地多翻几次？翻得越深，麦苗的根扎得就深些，也就不那么容易被打死了。"

"这年头，人都吃不饱，更何况牲口呢？好多人家连牲口都不养了，麦下种时，干脆用锄头浅扒一下了事。"老韩无可奈何地说。

"韩大爷，您知道的，咱农民离了牲口可不行。所以，要想粮食丰收，得想法子把牲畜发展起来。"焦裕禄说。

老韩停下来，点燃了旱烟袋锅子，一明一灭，老人咂咂嘴，思考良久才说："要想发展牲畜，得先种花生。"

"种花生？"

"是啊，以前，咱这地方都是种花生的哩。"韩老汉见焦裕禄一副百思不得其解的样子，跟他解释说，"你想啊，喂牲口，光有好料不中，还得有好草！有句老话叫'草膘料力水精神'，花生能种上一年，有了花生秧，草就有了。有了草料，牲口就不会挨饿了。"

焦裕禄转念一想，花生收了之后，苗晒干了，还可将它存到冬季当草料，看来这办法有可行之处。回去之后，就给这个队拨了款，叫队干部拿着钱买了花生种，种了两顷。秋收后，卖了花生收了苗，村民们不仅有了收成，就连牲口也都养得膘肥体壮的。

通过这件事情,焦裕禄感受到,兰考人民,不光是图个肚圆活命。他们既贴门神,也信干部,他们睁眼闭眼都想着发家致富,盼着能过上好日子。

焦裕禄暗暗发誓:"我一定要改变兰考的现状,让兰考人民面貌一新,过上富足的日子。"

目前,虽然解决了牲口问题,可是,土地被风沙侵蚀,就算种下了粮食,收成也不理想,有的盐碱地甚至颗粒无收。

为这件事,焦裕禄又推着他的破自行车,挽着裤腿,穿着一双破黑布鞋进了村,找到杨树庄的大队支书王祥。

焦裕禄让王祥领着他挨家挨户地访问。整个上午,他又是找人了解情况,又是赶着记录,忙得连水都顾不上喝一口。临走的时候,他对王祥说:"在河里扎些芦苇,边上种上树,编筐扎柳搞些副业,村民就不那么苦了。"他顿了顿,接着说,"咱一定要好好听听群众的意见,把群众发动起来,依靠集体战胜困难。"

第二天,王祥就依照焦裕禄的吩咐,组织杨树庄的村民,召开村民大会。

焦裕禄动情地说:"乡亲们,光想往外走,要饭吃,可以吗?那不是个长久之计,说到底,咱还得靠自己、靠集体，穷要穷在一块，富要富在一起。"

最后，经大队研究决定，由大伙有钱的出钱，有力的出力，有东西的出东西，先买牲口，再买麦种，把麦子种上，然后再想办法防风治沙。

焦裕禄率先将自己身上的钱全部捐了出去。在大会上，党员、干部先带头、先报数，大伙的情绪一下子高涨起来，人的心一下子给点亮了。

有个老大娘，从怀里哆哆嗦嗦掏出三个鸡蛋，说："俺是五保户，无儿无女，七十好几的人了，黄土都埋了半截了，也没啥钱，只有两只老母鸡，下了几个蛋，捐给集体吧，多少也是我的一点心意。"

一队的老贫农阿贵，摸了半天，掏出五分钱："这是俺准备买盐用的钱，没有你们拿得多，也算我为集体尽的一份心吧。"

大家齐心协力，热血沸腾，凑的钱买这季的麦种应该不成问题了。

焦裕禄跟村民们一起，不分白天黑夜地抢时间，将麦子种下了地。

可是，麦子种下去之后，夏淹秋涝，灾上加灾。见此情况，一些人唉声叹气，甩着手说，这下子，灾区的帽子不但没摘掉，帽带儿反而系得更紧了。

一连十几天，焦裕禄蹚着水，打着伞，走家串户，挨村查访。之后，他在自己的工作日记中提出："夏季丢了秋季捞，洼地丢了岗上捞，地上丢了树上捞，农业丢了副业捞……"

在焦裕禄的鼓舞下，村民们没有放弃，他们在近百亩荒地上，全部栽满了槐树、柳树，渐渐地庄稼也长出来了一些。也就是在这个全国自然灾害频发的紧急时刻，杨树庄还有了些收成。王祥给焦裕禄写信，他们在留下口粮、种子、饲料之后，要挤出一万多斤粮食，上交给国家。

信很短，话不多，但焦裕禄看了非常感动。要知道，粮食，在那个年代可是活命的东西呀！

当时，县里正在召开总结大会，焦裕禄读到这封信后，拍案而起，大声喝彩，迫不及待地要念给与会的所有人员听。

会议结束以后，焦裕禄亲自写了一段很长的批语，号召全县干部向杨树庄的村民学习，向王祥学习。在自然灾害时期，这不仅是集体主义的大无畏精神，更是难能可贵的爱国主义情怀。

焦裕禄深深地爱上了兰考这个地方，爱上了这片土地上淳朴的村民。

17 "吃别人嚼过的馍没有味道"

内涝、风沙、盐碱，是兰考的三害，遗患无穷。这不，夏小麦丰收在望之际，一连数天，大雨倾盆而下，田野里那一方方刚吐穗的麦子，倒在积水中，垂头丧气。那一片片茁壮的秋麦苗被积水浸没，奄奄一息。

通讯员小李来到焦裕禄的办公室，满脸愁云地说："焦书记，这场雨下得'百害而无一利'，这个捣蛋的老天爷，故意在跟我们作对！"

焦裕禄先叫他坐下，耐心地劝道："我看这并不是'百害没有一利'，而是'害中有利'。"

小李瞪着一双大眼睛，望着焦裕禄，显然没明白他刚刚的意思。

"你想想看，洪水遍地，就能看清水从哪里来，流到哪里去。咱就好开河挖渠，兴利除害，这可是查清内涝来龙去脉的好机会。这样一来，咱还愁三害解决不了吗？"

小李听了，似懂非懂地点点头。

几天后的一个上午，焦裕禄和小李骑着自行车，冒着火辣辣的太阳，汗流浃背地往大洼村的田地赶。大洼村是兰考县地势最低的地方，因此这里的积水、内涝最为严重。自行车的后座上，还捆着一把株高穗大的麦子。村民们正在麦地里收拾着歉收的小麦，看见焦裕禄和小李过来，就暂时停下手里的活儿，跟他们打招呼。

焦裕禄和小李把车子停在一旁，解下那捆麦子，来到他们面前。

"乡亲们，你们看看，这是啥？"焦裕禄举着麦子问。

众人答道："麦子呀！"

"不是，不是！"焦裕禄高声喊道。

大家都愣住了，不知道这位新来的县委书记葫芦里卖的什么药。

一位村民说："焦书记，我们种了一辈子地了，难道连麦子都不认识吗？这不是麦子，那你说说是啥？"

焦裕禄把麦子举到大家跟前，风趣地答道："这可不是普通的麦子，这是杨树庄的干劲！"

大家将信将疑地看着焦裕禄，似懂非懂地点点头。

村民小张弯腰拿起本队的麦子跟它一比，好家伙，秆高差一半，穗粒差一截，就问："咦？杨树庄的麦子怎么长得这么好？"

焦裕禄趁机说："杨树庄是沙害最严重的一个队，可他们以'愚公移山'的精神、'蚕吃桑叶'的办法，大干一春，把沙丘全部封住了，沙丘旁的麦子便获得大丰收。人家能够封住沙丘，挖掉灾根，你们就不能治住内涝，除掉隐患吗？"

在场的村民在焦裕禄的鼓励下，信心满满地齐声答道："能，一定能！"

焦裕禄在村民们的引导下，进一步探查实地情况，探讨大洼村的出路。

他们来到村头一片盐碱地和生产堤上。这里郁郁葱葱的三春柳，开着淡红色的花团，在太阳光的照射下，煞是好看。

一位村民向焦裕禄介绍："三春柳最适合在盐碱地生长，盐碱越重，它们生长得越旺盛。这东西能灭碱老虎的威风，浑身都是宝：树身能搭棚盖屋；树枝能烧火做饭；条子能编筐织篓；油脂可做中药；用它抽打羊毛，不沾杆，不结疙瘩。"

焦裕禄听了，若有所思地说："但是，三春柳再好，也长不成栋梁；柳条再好，也纺不成线，织不成布；油脂再好，也不能当粮食。所以，盐碱地还得下苦功根治啊！"焦裕禄顿了顿，接着说："我们要学习三春柳的顽强精神，像它那样，灾害越重，劲头越足。"

他们又向东边的太行堤下走去，这里有一个百十亩大的龙王潭。这里地势低洼，每逢下雨，积水自然流向这里，龙王潭因此而得名。

"大洼村地势也低，如果能按自然流势，挖些沟，开个渠，不就解决内涝问题了吗？"焦裕禄问。

"这样说没错！一般雨量，这样可以解决内涝灾害，可一旦遇到特大暴雨，上游的水一齐汇过来，就承担不住了。如果能在这里修个闸门，不但能解除大洼村的涝灾，全县的洪水都能从这里排出去。"小李说。

焦裕禄点点头，对村民和小李说："天越来越热了，你们先回去休息吧，我再研究研究这龙王潭。"

焦裕禄一个人登上了太行堤，从上面看，整个龙王潭就像遗失在深山中的一面古镜，波光粼粼、光可鉴人。焦裕禄看着这阳光下的美景，陷入了沉思：靠山吃山，靠水吃水！能不能把龙王潭改造成人工湖呢？在湖边育苇、插蒲、种藕；湖里面养鱼、喂鸭……到那时，荷花满塘，鹅鸭成群，龙王潭就成了风景区了。

过了几天，天上打起了闷雷，下起了大雨，焦裕禄想趁着这场雨，调查清楚水的流向。他和小李冒着大雨出发了。徐俊雅在后面高喊："老焦！你的药还没吃呢！针，你还打不打呀？"

"药，我装着哩！针，回来再打！"

这瓢泼大雨，使得田野、洼地不一会儿都积起了水。焦裕禄蹚着水，打着伞，低下头观察水的流向。雨伞太小，雨太猛，遮不住焦裕禄的后背，衣服都淋湿了。

小李将自己的雨衣脱下来，让焦裕禄穿。焦裕禄说什么都不肯："我的衣服已经湿透啦，穿不穿雨衣都一样，你再脱给我，淋湿你，何必呢？"小李没办法，只好又乖乖穿上了。

中午，他们来到一间废弃的破屋里，打算歇歇脚，吃点东西，再继续勘察。小李拿出几个干馒头，递给焦裕禄。焦裕禄接过馒头，风趣地说："咱查河，背着馍，渴不着，饿不着。"

小李看着淋得像落汤鸡的焦裕禄，心疼地说："焦书记，你先回去打针，我查清水路马上汇报给你不行吗？"

"吃别人嚼过的馍没有味道。"他穿上衣服，撑开伞，"走，咱骑上龙王的脖子，看看它到底窜到哪里去！"

143

"我听老人说,自从修了太行堤,咱县的洪水就没了出路。解放前,这边扒,那边堵,不知打过多少架,死过多少人。后来,修了堤,水只好顺着太行堤往南流,再汇到民权县的一条干河里。"

焦裕禄一边听,一边想:这情况很重要,不能让水害转道!不能救了自己,害了别人。宁肯绕道排水,也不能扒太行堤,给邻县添麻烦。看来,回去得认真研究一下这个问题。

雨后天晴,焦裕禄跟小李来到大洼村,远远看见:积水顺着沟渠,乖乖地流进龙王潭,秋麦苗一片葱郁,十分惹人喜爱。

队长正在渠边排水,看见焦裕禄边便兴致勃勃地说:"焦书记,听你的话,挖沟开渠可好啦!天上下雨,地上流,下完后,地上也就流光了。俺队的庄稼洗了个痛快澡,旺滋滋地生长着。只要不下特大暴雨,上游的水不来,俺队就可以大翻身了。"

"上游的水,不从这过,又从哪过呢?"小李问。

队长由喜转悲:"要是洪水从这里过,俺们就又没有活路了。"

焦裕禄就洪水的出路问题,召开了一次常委会议。大家各抒己见,议论纷纷。

"出路只有一条,在太行堤上破口,但邻县决不会同意,这是历史遗留下来的老问题。"一位常委说。

"我建议,咱们派代表到邻县,向他们通报一下情况,再一起商量具体的解决办法。"焦裕禄说。

"可是,这两个县分属不同的管辖地区,不好商量啊!"

"这个好办,我毛遂自荐当代表,大家看行不行?"

大家都表示同意。

"我去汇报的重点有两条:一是让他们加深通往湖的通道,挖河粮款我们负责,河滩里毁坏的青苗,我们包赔;二是太行堤上的闸门和有关桥梁,由我们修建。总而言之,要让洪水通过山东,安全入海。大家看怎么样?"

大家都没有异议。

焦裕禄断然地挥挥手:"好,马上派车,我下午就出发!"

焦裕禄走的第二天,又下起了暴雨,闪电划过长空,惊雷震撼大地。顷刻间,遍地一片汪洋。上游的水漫过了大洼村的阻水生产堤,田野早已和龙王潭连成了一片,村民们正往高处转移。

大洼村的村民们纷纷找队长:"得给水找出路啊!"

"炸开太行堤,放水救人!"

"邻县的人都在堤上守着呢！"

"实在不行，就硬挖！跟他们拼啦，死了，我给您报烈士！"

"不能胡来，闹出大乱子，你俩还得蹲监狱！"队长说。

"这样吧，我组织几个人，每人噙个芦苇管，趁着天黑，跳到水里，靠近堤身，用钩子偷偷将堤口拉开。只要大堤一破，谁也管不住，管他谁担责任呢！"

"好，现在就出发！"

队长高喊一声："停住！千万不要蛮干，打电话问问焦书记再说。"人们这才把工具放了下来。

与此同时，邻县的群众也站在太行堤上，手执各种武器，严阵以待，双方剑拔弩张。

就在这时，焦裕禄坐在吉普车内，飞驰在太行堤上。他看到此种情景，高喊："同志们，邻县的高书记来了，快快欢迎！"

"同志们，千百年来，这条产生在封建时代的大堤，就像一把刀子，砍伤了两县人民的感情。今天，我们要把创伤弥补起来，把千年的冤家变成亲密团结的战友！"

最终，两县干群在焦裕禄的调解下，化干戈为玉帛。他们同心协力，共同治水，修通了通往大海的水路要道。

两县人民从此结成了联盟，共同生产致富。

18 人民公仆

在通往县委的一条小巷里,一位五十来岁的农村大娘,一手提着一筐鸡蛋,一手拎着一只老母鸡。这是她第一次进城,因此,她边走边看,对一切都充满了好奇。

小李正在县委办公室整理文件,看见这位东张西望的大娘,就走出来问:"大娘,您来这找谁呀?"

"想问问这里有没有一位姓焦的干部!"

"是焦裕禄,焦书记吗?"小李耐心地问。

"对!对!就是焦裕禄,焦书记,他是住这里吧?"大娘高兴地问。

"他以前是住这里的,不过后来怕影响工

作，就举家搬到县委大院去了。"

"县委大院咋走？"大娘接着问。

小李看了看双手不空的大娘，就对她说："这样吧，我刚好要去找焦书记汇报工作，我带你去吧。"

于是，小李帮大娘拎着鸡蛋，领着她有说有笑地往焦裕禄住的县委大院走去。他们走到一座平房前，小李停下来说："到了，就这儿了。"他放下鸡蛋，伸手敲了敲门。开门的是徐俊雅，她看见小李身后的中年妇女时，异常惊喜地说："嫂子，你咋来啦，也不提前说一声，我好叫孩子们去接你。"

"临时决定的，没来得及写信给你们。"嫂子不好意思地说。

徐俊雅将他们迎进门，一边接过篮子，一边朝屋里喊："小梅、小庆，你们的伯母来啦，赶紧出来。"

小李说明来意，就问："嫂子，焦书记在不在家，我找他商量点事儿。"

"他呀，一大早就出去了，也不知道他在忙什么，整天不见人影的。"徐俊雅说。

"那就不打扰你们了，我去找找焦书记。"小李转身就跑了。

午饭时分，焦裕禄还没回来，大嫂问："裕禄咋还不回来呢？"

"他呀，不是下乡，就是开会，从来也没按时吃过饭，再等会儿要是还不回来，咱也就别等了，准是又有事去了。"徐俊雅笑着解释。

"俊雅呀，其实我这次来，是有事求你们呢，等裕禄回来，你跟他说说，看能办不能办。"

"嫂子，你的事就是我们的事。你说说吧，能办，我们一定给你办好。"

"就是你侄子呀，初中毕业后，一直在家闲着务农，我想让裕禄给安排个工作，你看中不中？"

"这……这我也做不了主，还是等老焦回来再说吧，我跟他商量商量。"徐俊雅迟疑地说。

正在这时，焦裕禄回来了，他听小李说大嫂来了，就特意抽空赶回来吃午饭。"大嫂，您可是稀客啊！一个人来的？"焦裕禄高兴地问。

"听说你身体不好，老早就想来看看你了。这不，一收完庄稼，我就过来看看你跟孩子们。"

徐俊雅看看焦裕禄，指着桌上的鸡蛋和地上的老母鸡说："这是大嫂给咱带来的。"

"让裕禄补补身子吧，看他瘦得只剩骨头了。"

桌上摆满了热气腾腾的饺子，大家纷纷就座，边吃边聊，一家人其乐融融。

"大嫂，家里的收成还好吧？有啥困难没有？"焦裕禄给大嫂夹了一个饺子，顺口问道。

"如今没了灾荒年，家里的日子还过得去，只是……"大嫂欲言又止。

"只是什么？"焦裕禄问。

"你侄子在家务农，大嫂想让你给他在城里安排一个合适的工作。"徐俊雅接过话茬儿，一口气替大嫂说完了。

焦裕禄听了，放下筷子，思考了一会，回答说："现在，国家发展农业正需要有知识的青年，农村的天地很广阔，叫他好好干，将来一定会有出息的。"

大嫂一听，忙接着说："农村再好，也不如城市，像你一样，在城里工作，才能光宗耀祖。"

"大哥大嫂也不容易，平时对咱也很照顾，你看，能不能想想办法。"徐俊雅在旁边帮着说。

"是呀，村里人都说，你现在是大官了，还不是你说了算啊！"大嫂看了看焦裕禄的脸色，讨好地说。

焦裕禄严肃地说："这可不行。国家用人，是有严格规定的，我是县委书记，怎么能随随便便用人，这不是违反国家政策吗？"

大嫂一听，满脸不高兴，饭没吃完，就急着要走。她指指地上的老母鸡和那筐满满的鸡蛋对小梅说:"梅子啊,我知道你学习紧张,特意带来给你补补脑袋的。你可要好好考学,将来靠自己,你那当大官的爸爸呀,咱指望不上,将来你有出息了,可别忘了我啊!"大嫂话里有话地说完,转身要走。

"大嫂,您在这里多住几天吧,陪我唠唠嗑。"徐俊雅拉住她,忙着挽留。

"不住了,咱这穷亲戚,攀不上你家这位大官儿。"说罢,不顾焦裕禄的挽留,大步流星地往外走去。

徐俊雅有点不高兴地对焦裕禄说:"你至于吗?大嫂大老远赶来的,你好歹也给她留点面子。现在,你把她给得罪了,以后还怎么做亲戚啊?"

"咱总不能为了亲戚面子就违反国家法律吧?没事,过两天,你给大哥去封信,再给他们寄点钱,表示一下歉意吧。"焦裕禄拍拍徐俊雅的肩膀,故作轻松地说。

焦裕禄对亲戚如此,对自己的孩子更是要求严格,有时甚至到了苛刻的地步。

他的女儿小梅,没有考上高中,整天待在家里闷闷不乐。

县里一位干部小丁知道后拿着一张"招工录用表"走进焦家,高兴地喊道:"小梅,我跟劳动局局长说了,咱县要招收一名小学老师，邮电局要招收一名话务员，这两种工作，由你先挑。"

小梅听了高兴得一蹦三尺高，大声喊着："丁叔叔，您真好！"

这话被里屋的焦裕禄听到了，他走出来，严肃地对小丁说："不能让她去做这些，更不能搞特殊化。这孩子，从小就没吃过苦，一定得找个又脏又累的地方锻炼锻炼，不能让她养成好逸恶劳的坏习惯。"焦裕禄看了看小梅，不顾她噘起的小嘴，继续说："这样吧，刚好酱菜车间缺人，就让她先去那里顶个缺吧。"

"焦书记，这张招工表是劳动局局长特意照顾小梅开的，您看能不能……要不这次就算了，我保证下不为例！"小丁在一旁帮着打圆场。

"小丁，这张招工表请你退回劳动局，你要是觉得不好意思，那放这里，我下午亲自去退。国家安排工作是有计划的，咱可不能利用职权为自己的亲属安排工作，如果大家都这样，国家岂不是乱套了吗？身为干部，要大公无私，廉洁奉公。"焦裕禄坚定地说。

"焦书记，我知道错了！我这就去把招工表还给劳动局。"

小丁走后，焦裕禄从书架上抽出一本书递给小梅，然后语重心长地说："孩子，这本书介绍了几位知识青年参加劳动的光荣事迹，你仔细看看，好好向他们学习学习。"

小梅委屈地说："爸爸，您平常老让我们穿烂衣服，不给我们零花钱也就算了，为什么现在连好工作也不让我去？我这书记的女儿，跟谁都比不上呢！"说着，两行眼泪齐刷刷地掉了下来。

焦裕禄听了，大吃一惊，他把小梅叫到跟前，帮她擦去眼泪，耐心地说："孩子，书记的女儿，更应该带头艰苦朴素，不能有任何特权。你看你现在吃得饱，穿得暖，好多人连饭都吃不上呢！你是国家的接班人啊，可不能辜负了爸爸的期望啊！"

"一个食品厂的酱菜工，还能当上接班人？你骗谁呀？"小梅怨气未消，故意赌气地说。

"小梅，咱家祖祖辈辈都是吃苦受累的庄户人家，你可不能忘本呀？"

"咋忘本了？"小梅不服气地说。

"你出身于劳动人民家庭，却不热爱劳动。这不是忘本，是啥？"焦裕禄问。

小梅听了，惭愧地低下了头："爸爸，您别说了，我听您的，明天去食品加工厂报到。"

"这才是爸爸的好女儿嘛！到厂里以后，要虚心向工人学习,不要怕脏怕累。"焦裕禄听了,高兴地说。

"爸爸,我一定记着您的话。"

这天,小丁领着几个同志在焦裕禄的办公室打扫布置。他们分工合作,有的抬,有的搬,有的挂,有的拆,不一会儿,就将焦裕禄原本破烂不堪的办公室,装饰得焕然一新:新的茶几,新的书架,新的办公用具,新的藤椅,还非常别致地摆了一束假花。

屋内看起来既美观又舒适。

"焦书记以前的办公室太寒酸、太简陋了。"

"这才像县委书记的办公室嘛!"

"丁支书,这次你总算做了一件好事,焦书记肯定会表扬你的。"

正在这时,焦裕禄从乡下回来了。他进屋一看,生气地说:"没经过我的允许,谁让你们弄成这样的?"

"这……这是支部委员会讨论决定的。您是县委书记,经常在这里办公、接待,换些新办公设备也是应该的。"

"同志们,你们真应该常去串串贫下中农的门,看看他们过的是什么日子。要知道,兰考是灾区,比不得丰收富裕区,咱更应该发扬艰苦奋斗的优良传统。"

焦裕禄语重心长的批评,使在场的同志都默默地低下了头。

小丁的脸有些发烫，他内疚地说："焦书记，您批评得对！"

"这样吧，你们把这些新家具都搬到县委会议室去，我一件也不用。"焦裕禄拍了拍小丁的肩膀，坚定地说。

下午开会时，焦裕禄特意让通讯员小李用毛笔写了"艰苦奋斗"四个醒目的大字，挂在办公室的墙上，时时提醒自己及身边的干部，要保持党的光荣传统。

这样的事例不胜枚举，焦裕禄就是这样一位大公无私的人民公仆。他担任县委书记期间，从未为自己及亲属谋过一官半职，他把所有的心思和精力都花在怎样使兰考更快地脱贫致富上了。

19 扎根兰考

在一个沙石乱飞的山坡上，一位青年正聚精会神地研究泡桐的生长。他是那么专注，连黄沙飞到脸上都顾不得去擦。这位青年怎么如此眼熟呢？仔细一看，这不就是焦裕禄上次在火车上认识的大学生林涛吗？他现在已经是兰考林场的技术指导员了。

不远处，文静跟林场管理员根生大爷用铁锹在翻地。文静体弱力薄，每翻一锹，就要直起腰休息一下，尽管这样，她还是累得气喘吁吁的。

"根生大爷，你们都是用桐根育苗的吗？"文静在休息时，逮住机会问大爷。

"是呀！"大爷喝了一口水，缓缓答道。

"为什么不用桐籽育苗呢？"

"这里沙石松散，桐籽出苗难，就算好不容易长出来，苗也不壮实，不易成活。"

"多施点肥料不就可以了？"文静提议道。

"施再多的肥料，也赶不上桐根育的苗呢！"

林涛听到了这段对话，走过来对大爷说："我想再试试，不知可以不可以？"

"这有啥可以不可以的。你要愿意试，我这就带你们去选桐籽。"老根生说罢，放下铁锹，起身领着他们去桐籽坡。

几天后，林涛正在苗圃检查地温，准备播种桐籽。这时，文静拎着一大包吃的走了进来。

"给你！"文静递给林涛一个鱼罐头说。

林涛没有接，转过头问："这是从哪弄来的？"

"买的呗，难道是抢来的不成！"文静白了他一眼，有点不高兴地说。

"你自己吃吧，我不要！小静，你这样搞特殊化，会影响村民们对我们的信任的！"

"吃个罐头就算特殊化了？天天馒头咸菜的，你看你，都瘦得皮包骨了。长期下去，身体非垮了不可。"文静心疼地说。

"小静，这里是灾区，买这些影响不好，下次别这样了！"林涛知道她也是关心自己，便心平气和地说。

文静自打来了这里，一看到兰考贫穷的面貌、艰苦的环境，早就打了退堂鼓，不想待在这里了，听林涛这样说自己，眼泪就哗哗流了下来。

"技术员！"这时，外面传来根生大爷的喊声。

林涛赶紧将罐头藏起来，但没来得及藏严实，根生大爷就带着焦裕禄走进来了。

"技术员，焦书记来看你们了。"

焦裕禄关切地问林涛："怎么样？住得还习惯吧？你们从风景如画的江南来到这里，肯定有许多困难吧！"忽然，焦裕禄看到了放在一边，露出半截的罐头，但他佯装不知地继续说："文静是个秀气的女同志，困难应该比小林更多吧？"

"没有什么，林涛很照顾我。"文静偷偷地擦干眼泪说。

"刚刚听大爷说，你们表现不错，村民们都喜欢你们，这很好呀！眼下，兰考的条件还不好，我们更应该树立信心，艰苦奋斗。兰考风沙肆虐，只有泡桐才治得了它。现在，兰考急需培育大批泡桐苗，你们是大学生，应该比我们更有办法。怎么样，有信心迎接这个挑战吗？"

林涛信心满满地答道:"有!"

文静犹豫了,迟疑不定:"可是,我想……"

"小静是想仔细琢磨一个新的育苗方案,刚刚我们就在聊这个。"林涛赶紧抢过文静的话茬儿,掩饰说道。

"那就好,希望你们能把学到的林业知识,全部运用到实践当中,让泡桐在兰考扎根生长,根深叶茂。"

"焦书记,您放心,我们一定刻苦钻研,认真实践,让泡桐根深叶茂。"林涛坚定地说。

"还有你和文静的感情,也要根深叶茂啊!"焦裕禄诙谐地补充道。

文静听了,不好意思地红了脸。

焦裕禄知道文静吃不惯这里的粗粮馒头,回去之后,就给粮食局打电话,叫他们拨了一袋大米,给林涛和文静送去。

几天后,焦裕禄接到林涛从林场打过来的电话,他在电话里兴奋地说:"焦书记,向您报告一个好消息,泡桐苗都长出来了。"

"一接到你的电话,我就知道你小子准有好事汇报。"

"这是我第一次培育幼苗,看着那些嫩嫩的小家伙,就像看见自己的小孩一样,是那么惹人喜爱!"林涛仍沉浸在兴奋之中。

"这是你亲手创造的劳动成果,是应该高兴,我祝贺你呀!"

"其实,还要谢谢大爷,他给了我很大的帮助。"

"还有文静吧?"

"她不行,大小姐脾气,有时真拿她没办法。"林涛闷闷不乐地说。

"小林,慢慢来,一棵桐苗扎下根需要过程,一个人在革命事业上扎根,更是一个漫长的过程。她能勇敢地来到这里,已经难能可贵了,你别跟她急。"焦裕禄耐心地劝解道。

"我知道了,焦书记。"小林挂断了电话。

深夜,林涛提着马灯查看完幼苗后,返回屋子记录资料。这时,他发现文静在屋子里等他。

"怎么了?这么晚了,还不休息?"林涛走过去,柔声问。

"我睡不着。"文静眼圈红红的,显然是刚哭过。

"到底怎么了?"林涛急了。

"我爸爸来信了,他说,希望我们回家乡工作。他已经将我们的工作安排好了,我到农学院当老师,你到林业研究所搞研究,你看怎样?"文静不紧不慢地说完。

"你的意见呢?"

"当然是回去了,我老早就想离开这个鬼地方了。我起草一份调离报告书,签上我们俩的名字,明天我亲自交到县委去。"

"这不好吧,育苗工作刚刚起步,防风固沙工程还在等着咱呢。现在走了,不就前功尽弃了吗?"

"这么说,你是不打算在调离报告上签字了?"

"不仅我不签,你也不要签。"

"这个又穷又破的地方,我一天也待不下去了。咱一块走吧,到哪不是搞林业,不是为人民服务啊?"

"兰考风沙严重,更需要我们。有了困难就走,你对得起兰考人民对我们的期望吗?"

文静看着林涛,气得一句话都说不出来。

"这里的桐籽育苗才刚刚开始,我舍不得它们。"林涛见文静生气了,语气缓和了一些。

"你就说你签不签吧。"

"小静,你不要逼我。"

"好,你不走是吧,那我一个人走!"说罢,她夺门而出。林涛追到门外,可是,文静早就消失在茫茫的夜色中了。

一钩冷月挂在天边。文静跌跌撞撞地走在乡间小路上,突然,她脚下一滑,摔倒在了沟里。本就瘦弱的身躯,经不起这许多折腾，她晕了过去。

这边，林涛在他的破茅草屋里，坐卧不宁，十分痛苦。

这时，大爷跑过来，大喊："林技术员，你快去医院吧，文技术员受伤了，正在抢救呢！"

林涛听了，衣服都来不及披一件，就冲出了房间，直奔医院而去……

焦裕禄听说后，来到医院办公室询问文静的病况。

"焦书记，您放心，我们为文技术员做了全面的检查，除了皮肉伤外，没什么大碍，休息两天，就可以出院了。"文静的主治医生说。

焦裕禄说："我看她是心病吧。你们让她多住几天，好好开导开导她，如果兰考连一名大学生都留不住，那我们的工作太失败了。"

大家赞同地点点头。

焦裕禄来到文静的病床前，轻轻地帮她盖好被子，说："文静同志，你的情况我已经知道了。今天，我不是以县委书记的身份来看你，而是以一个老朋友的身份来和你谈谈心，咱从火车上认识到现在也有好一阵了吧。"

文静听了焦裕禄说的话，没有吱声，只是默默地抹眼泪。

"你要调走，我能理解。可是，你有没有想过，兰考多需要你们这样专业的技术员呀,大伙都舍不得你们。你住院,大家都惦记着,刚才老乡们还凑了一筐鸡蛋送过来,说是要给你补身体呢。你和小林,可是咱兰考人民的希望啊!"

听着焦裕禄的话,文静哭得更厉害了。

"我知道,这里生活苦,你不习惯。可是,你看到没?老百姓比我们更苦啊!你忍心自己去过好日子,把群众丢在水深火热之中吗?我们学知识,就是要用到需要的地方,不然,国家培养你们又有什么用呢?你看,林技术员一心扑在育苗上,他……"

焦裕禄一副欲言又止的样子,让文静紧张起来。她赶紧问:"他怎么了?"

"他也住院了。"焦裕禄回答说。

"为什么呀?"

"这些日子,正是育苗的关键时期,他白天忙着照看幼苗,晚上还得赶过来照顾你,很少休息,再加上心情不好,就晕倒了。"

"我要去看看他。"

"好啊,我陪你去。"焦裕禄高兴地答应着。

林涛躺在病床上输液,本来消瘦的脸,变得更加苍白。

看着林涛这样,文静号啕大哭起来。

林涛被惊醒了,他向焦裕禄摆摆手,算是打了招呼。

"傻丫头,哭什么呀?伤口还痛吗?"

"不痛了,我以后再不跟你吵架了。"

"那还要一个人调回去吗?"

"不回了,我要跟你一起培育泡桐,防风固沙,帮兰考人民战胜灾荒。"

焦裕禄在病房外,看着这温馨的一幕,笑了。

林涛和文静用自己独特的方法,为兰考培育了大批茁壮的泡桐苗。泡桐苗春天栽上,秋季就能出圃,几个月下来长得又粗又壮。

文静再也没有要求调离,在焦裕禄的影响下,他们渐渐爱上了兰考这方热土。他们扎根于此,根深叶茂。

20 「兴猪灭羊」

兰考大地,阳光普照,曾经荒凉的沙地上,如今生长着泡桐幼苗。和风阵阵,幼苗像初生的婴儿,新见太阳,乐得手舞足蹈。

焦裕禄正在办公室批阅文件,桌上的收音机里传来一个清脆的女音:"各位听众朋友早上好,下面播报兰考天气预报。近日来,由于受强冷空气的影响,兰考将会大面积地降温降雨,请大家备好寒衣,做好防寒防汛工作……"

听到这里,焦裕禄再也坐不住了。一个人跑到种着泡桐的沙丘上,察看地形,看能不能赶在降温之前,想出补救办法。

"焦书记,紧急天气预报,这几天将会有

暴雨！"小李边跑，边气喘吁吁地喊着。

"我已经知道了，来，我们一起想想办法吧，咱可不能让林技术员辛辛苦苦培育起来的泡桐苗毁于一旦。"

"下雨倒是可以搭个大棚暂时躲避一下。可是，沙丘面积太广了，一下来不及搭建。而且，一旦下暴雨，这里就会形成'沙石流'，到时，恐怕连大棚都会被泥沙冲走。"小李不无担忧地说。

"这没关系，就搭建大棚吧。我们把每个大棚的支柱埋深，在桩旁边加固，用小柱子撑着，估计短期内不会被泥沙冲走的。"焦裕禄胸有成竹地说。

"那得花多少时间和精力啊！"小李望了望焦裕禄顿时舒展开的眉头，没有吭声，只在心里默默地说，"焦书记，为了兰考县，您真是啥办法都想到了呀！"

说干就干，焦裕禄叫小李通知大伙，他自己则留在沙地，挖起坑来。

许多人刚开始并不同意这种做法，认为这是老天爷要亡兰考，这种费力的补救措施，根本就是劳心劳力。人怎么能斗得过老天爷呢？还是认命吧！

焦裕禄似乎看穿了大家的心思，停下手里的动作，说："我给大家讲个故事吧，想听吗？"

大家一听焦书记要讲故事，就蹲下来，充满期待地望着焦裕禄，嘴里连连应着："听，当然要听了。"

焦裕禄清清嗓子，大声地说："从前，有个老人，大家叫他愚公。他家门前有两座大山挡住了去路，出行很不方便。于是，这个老愚公就领着儿子、媳妇、孙子、孙女，天天挖山，刮风下雨，毫不停歇，结果感动了老天爷。老天爷就派了个大力士，把愚公门前的两座大山担起来，移到了海边。"

"这不是愚公移山的故事吗？我以前听过，焦书记，再换个别的吧。"一位村民，似乎还没听过瘾，继续要求。

"是的，这就是众所周知的愚公移山的故事。大家都信老天爷，老天爷是谁？就是咱大伙，只有靠咱自己，才能彻底改变兰考贫穷落后的面貌。"焦裕禄说完，继续手里的活儿，没再言语。

大家忽然明白了焦裕禄讲这个故事的真正用意，于是，大家拿着农具下地，忙着把大棚搭建起来。

焦裕禄见状，非常高兴："咱赶在暴雨来临之前，建多少是多少吧，能救一棵树苗，兰考就多一分希望。"

"焦书记，您别说了，我们都听您的！"

"大家抓紧干活吧，别愣着了！"

一时间，本来冷清的沙丘，变得热闹起来。

半天时间，焦裕禄与村民们就搭建了近五亩沙丘的大棚。为了与暴雨赛跑,大家连饭都顾不上吃,连水都没有喝一口。下午时分,邻村、邻镇的许多村民听说了这个情况,都纷纷前来援助。

一直忙到天黑时分,整个沙丘都穿上了一件白色的外套,看上去异常漂亮。

焦裕禄对大家说:"辛苦大伙了,你们先回家休息吧!"

村民们走后,焦裕禄一个人将大家搭建的大棚,又检查了一遍,有好些没搭稳,他自己又重新加固了一遍,一直忙到大半夜。

他回到家的第一件事就是打开广播,听午夜天气预报。徐俊雅笑着说:"老焦呀,你啥时成气象专家了?来,喝碗汤吧,再这么狠命忙下去,我看你的肝病又要发作了。"

"不关心不行啊,沙丘上的幼苗可不能喝汤!"焦裕禄风趣地说。

"就知道你的幼苗,啥时才能关心下你自己呀!"徐俊雅嗔怪道。

"我这不是挺好吗?别担心,你早点睡吧。"

"你还不睡?"

"不听完天气预报,我睡不踏实。"

等了差不多半个小时,终于播报天气了。

焦裕禄的心都提到了嗓子眼儿,凝神静听着,耳边传来熟悉的播报声:"各位听众朋友晚上好,现在为您播报天气状况,随着西伯利亚寒流的撤离,兰考将维持晴好天气……"听到这里,焦裕禄高兴地说:"老徐,咱的泡桐有救了,看来,我们也感动老天爷啦!"

"你小点声,孩子们会被你吵醒的!"徐俊雅小声地说。

第二天,大家都埋怨说:"早知道就不瞎忙活了,昨天算是白干了。这老天可真够折腾人的!"

"同志们,我们没有瞎忙活,搭了大棚,就能解决昼夜温差过大的问题。大棚能把白天的温度聚集起来,这样就不用担心幼苗晚上被冻坏了。这就是著名的温室效应。同志们,咱这回可在无意中赶了个大时髦啊!"林技术员风趣地解释说。

"没想到歪打正着啊!"小李接过话茬儿说。

在大家的细心呵护下,沙丘岭的泡桐长得非常迅速。转眼间到了春天,本来光秃秃的沙地,已经有了星星点点的新绿。

可是,最近出现了一个奇怪的现象:本来绿油油的泡桐苗,隔几天就变得光秃秃的,像被什么东西啃过一样。

林场的技术员们非常着急,就在泡桐苗上涂了一层防虫抗病的药水。可是,情况还是没得到好转。眼看许多树苗成了"光杆司令"，奄奄一息了。

焦裕禄知道这个情况后，决定来一次侦察活动。白天有专门的林业人员看守，所以，突破点应该在晚上。

这天，焦裕禄吃过晚饭，早早地到了林场，他决定学学古人，来个"守株待兔"。

焦裕禄蹲在树林里，一动不动地听着周围的动静。一切正常，除了风吹的声音，啥也听不到。

不知过了多久，就在焦裕禄准备放弃的时候，他听到了一阵窸窸窣窣的声音。他循着声音，小心翼翼地走过去，一看，恍然大悟。焦裕禄没有等来兔子，等来的是社员家饲养的羊。

那两只羊只顾寻找又大又厚的泡桐叶，连焦裕禄走到近旁也不跑，还瞪着两双大眼睛无辜地看着他。焦裕禄费了九牛二虎之力，才将这两只羊赶出林场，拴到林场临时搭建的牲畜棚里。

第二天一早，焦裕禄就到牲畜棚去看"猎物"，可哪里还有羊的踪影啊！

原来，这里的村民没有拴羊的习惯，所以，这里的羊自由惯了，而且翻圈的本领非常高超，基本可以做到来去自如。

起初，焦裕禄规定，养羊的村民必须把羊圈起来。可是，没几天，羊又跑了出来，根本拿它们没辙。

焦裕禄等几个干部一商量，特殊时期特殊对待，干脆定个特殊的措施，那就是提倡养猪，禁止养羊！

文静将这条措施形象地归纳为"兴猪灭羊"。还别说，这一口号还真管用，再也不见羊半夜出来啃树叶了。

这天，杨书记带着秘书下兰考来了。他担心焦裕禄一个人啃不下兰考这块硬骨头，特意来看看情况。

焦裕禄非常高兴，他首先带杨书记参观了泡桐林。焦裕禄指着苗圃里茂密葱郁、翠绿喜人的桐树苗，自豪地说："老领导，您看看俺的林场，多气派呀！"

"不错，不错！这一定就是那两位大学生培育出的桐苗了。"杨书记赞不绝口。

"这也是'兴猪灭羊'的效果啊！"小李在旁边说。

"兴猪灭羊？"杨书记不解地问。

焦裕禄向他说清了事情的来龙去脉，杨书记听得哈哈大笑："好你个焦裕禄，亏你小子想得出来！"

随后，焦裕禄向杨书记汇报了兰考的工作情况。"这几个月来，我们跑遍了兰考的村村寨寨，基本摸清了兰考的'三害'，就是风沙、内涝和盐碱。对风沙的治理，我们已经摸索出了经验，就是用淤土封闭沙丘，育草造林；我们也已经疏通了入海通道，所以，内涝问题基本上解决了；刚刚的那片泡桐林，就是为治理盐碱准备的，对此，我们相当有信心。"

"看得出来，为了治理好兰考，你动了许多脑筋，做了很多有成效的工作，你们的计划也切合实际。如果你们给兰考人民挖掉了穷根，让他们过上富裕的日子，兰考人民世世代代都不会忘记你们的，党和国家也会感谢你们的！"杨书记停了停，继续说，"你们开了个好头，以后会越来越顺利的。我没有别的能力，但我要替你们宣传，替你们鼓劲，我会尽量在物力、财力上支持你们，直到你们彻底治理好'三害'。"

杨书记热情洋溢的讲话，给了兰考人民信心和鼓舞，也增添了他们同自然灾害作斗争的勇气。他们在焦裕禄的带领下，正一步步走向光明、灿烂的美好明天。

21 鞠躬尽瘁

焦裕禄的肝病是1959年下半年发现的。

在洛阳工作时,迫于徐俊雅及路书记的强硬态度,他勉强去住过几天院。后来,组织上又为焦裕禄联系好了西华疗养院,让他去那里养病。可焦裕禄以工作为借口,推托了。他从来没有关心过自己的病,他把全部的精力都放在了工作上。

1964年,焦裕禄兴致勃勃地带领大家挖沟、运土、栽树,一个个忙得热火朝天、不亦乐乎。焦裕禄拉着一辆装满沙土的车子,身子弯得像一张弓。突然,车子翻倒在地,焦裕禄也应声倒下,被埋在了沙土里。

小李等人马上围过来，摇晃着焦裕禄说："焦书记，你怎么了？赶紧醒醒啊！"

大家听到喊声，都放下手里的工具，一齐向这里聚拢过来。转眼间，这里就被围得水泄不通了。

"赶紧送医院吧，估计是焦书记的肝病又发作了。"

"谁帮焦书记装的车呀，装那么满！"一个人似乎在埋怨。

"少废话！大家赶紧送焦书记去医院吧！"

这时，焦裕禄醒过来了，他有气无力地抬了抬手，用微弱的声音说："赶紧干活去，不要围着我。"阵阵绞痛袭来，他咬咬牙，忍住痛，没有呻吟。

小李坚持要送他去医院，焦裕禄用手按住肝部，站起来，挤出一丝微笑："不用了，你干活去，我去办公室休息一下就可以了。"

傍晚时分，小李经过县委大院，下意识地往焦裕禄的办公室看了看。这一看，吓得他心脏都差点蹦出来。

焦裕禄的办公室里黑乎乎的，平常昏黄的灯光不见了，仔细一看，焦裕禄捂着肚子，疼得蜷缩在一旁，他已经迷迷糊糊不省人事了。

小李赶忙打电话，叫来了医生。医生连夜将焦裕禄带到了医院，并叫人通知了徐俊雅。

焦裕禄不知道他的病已经恶化了,得离开兰考去开封住院。而且,这次是党组织下的命令,容不得他推辞。

临走那天,不少村民纷纷赶到火车站送行。从县委到火车站的路途中,焦裕禄捂着肚子,歇了好几次。到车站后,看到那么多前来送行的村民,他忍着痛跟他们打招呼。

焦裕禄是多么舍不得离开兰考啊!他深情望着前来送行的同志们,望着县委,望着兰考县城……

焦裕禄躺在北京协和医院的病床上,几位老大夫仔细检查了一阵之后离去。

大夫对小李说:"焦书记患的是肝癌,已经到了晚期了,你们回去后可进行人道主义治疗。为了不增加他的心理负担,我们给他开了一份慢性肝炎的诊断书,这是特意让焦裕禄同志看的。"他把这份假诊断书交给了小李。

"大夫,求求你,你一定要救救焦书记呀!我们兰考是重灾县城,多亏了焦书记,情况才稍稍有些好转,兰考的工作需要他,兰考人民更需要他呀!"

医生摇了摇头,表示无能为力。在场的人都哭起来。

邓小平知道了这个情况,亲自写了一封信交给中央组织部,叫专家发扬焦裕禄同志同"三害"作斗争的精神,尽一切力量,挽救焦裕禄的生命。

在河南医学院附属医院的病房里,徐俊雅守护在焦裕禄身边，护理人员正忙着为焦裕禄输液。

焦裕禄睁开眼睛，对徐俊雅说："老徐，你把北京的诊断书拿来，再让我看看。这次怎么这么久还不让我出院呢？"

徐俊雅强忍住眼泪，将写有"慢性肝炎"的诊断书交给焦裕禄，说："慢性肝炎，需要静心休养，好好保养，不久就好了。"

焦裕禄听了，展颜一笑："那我就放心了。兰考人民还没脱离苦海，我还不能向老天爷报到呀！"一瞬间，焦裕禄觉得病痛仿佛减轻了不少，他支起身子，靠着床头的被子，闭目养神。

雨后的病房，空气清新，天空蔚蓝如洗，一缕金色的阳光，缓缓照了进来。

"既然病不重，咱回兰考治疗吧！到哪不能养病呢？在那里，我还能一边工作，一边治疗。"焦裕禄突然睁开眼睛说。

"老焦啊，你老是不分白天黑夜地忙，现在好不容易有个清闲的机会，你还是安安心心地养病吧。养好了，咱再回。"

这时，一位护士走进了病房。

"焦书记，该打针了。"

"护士同志,我什么时候可以出院啊?我的病好得差不多了。"

"焦书记,这一下也说不准,还得留下来,继续观察一阵才行,您就安心养病吧。好了,我们自然会告诉您的。"

"不就是慢性肝炎嘛,我回兰考也可以继续治疗呀!"

"这里的环境及医疗条件毕竟要比兰考好得多呀!"

"带点药回去就可以了。护士同志,你帮我跟大夫说说,让我转回兰考去吧!"焦裕禄不死心地说。

这时,小李进来了,刚刚的对话他都听到了。为了转移话题,他特意拿了一张报纸,打算让焦书记解解闷。

"焦书记,我给你念念报纸吧!"小李说。

"还是小李懂我,我自己看吧!"说着,就要过来拿报纸,可两根手指怎么也并不到一起,报纸从他手中滑落了。

小李惊慌地望着焦裕禄脸上滚动的汗珠,鼻子一酸,眼泪差点掉下来。他怕焦裕禄发现,赶紧捡起报纸,转过脸去,擦去眼泪,用报纸挡着脸:"焦书记,这份报纸不好看,我给您换份去!"说罢,逃也似的离开了病房。

这些人中,最痛苦的莫过于徐俊雅了。一方面,她要在焦裕禄面前装出若无其事的轻松样;另一方面,她又无法压抑住内心的苦痛,不经意就会泪流满面。

这天,她正在病房的走廊里抹眼泪,那位负责给焦裕禄打针的护士看见了,走过来,递给徐俊雅一张纸巾:"这个时候,你不能过于悲痛,更不能在焦书记面前哭哭啼啼。你要想让焦书记多活些日子,就一定要忍住悲伤,装出一副轻松的样子……"

她听了这话,赶紧擦干眼泪,抽泣着说:"老焦爱吃家乡的绿豆汤,我到街上给他买去。"

过了不一会儿,徐俊雅拎着一碗热气腾腾的绿豆汤回来了。她一进病房,傻了眼,焦裕禄一手按住肝部,一手艰难地在废报纸上写着之前未写完的文章——《兰考人民多奇志,敢教日月换新天》,才写了几行字,肝部又剧烈地疼痛起来,连带着咳嗽,吐出了一口鲜血……

徐俊雅惊得绿豆汤洒了一地,赶紧按响了病床前的呼叫铃。

焦裕禄一会儿清醒,一会儿迷糊。他抓着妻子的手说:"都这个时候了,就别再瞒我了。"他伸出手,缓缓抹去妻子脸上的泪珠,声音颤抖地说:"俊雅,我怕是不行了。孩子和老人,千斤重担,全压在你一个人身上了……"话还没说完,就晕了过去。

医生们在尽最后的努力抢救着这位人人敬重的书记,地委杨书记和兰考的委员们也都闻讯前来。

焦裕禄先对医生说:"我知道我快不行了,有件事先跟你说说,你们把我肝部这个硬东西取出来,仔细研究实验,以便将来能治好类似的病人。"医生们满脸泪水,不知说什么才好。

焦裕禄稍稍振作了一下精神,拉着杨书记的手,断断续续地说:"我辜负了……辜负了党和人民的信任,没能完成……党交给我的任务,没有把兰考治理好……"

杨书记佯装生气地说:"裕禄,你已经出色地完成了党交给你的任务!你一定会没事的!兰考人民等着你回去呢!"

"活着,我没有治理好……兰考沙丘,死后,请领导……把我运回兰考,埋在沙丘里。我要……我要亲眼看着……兰考人民安居乐业……"

最后,焦裕禄紧紧抓住妻子徐俊雅的手,劝慰说:"老徐,你可不能哭啊,你要坚强。我死了以后,不要给组织上添麻烦,好好抚养孩子。我对不住你,这些年,让你受苦了。"

泪流满面的徐俊雅觉得焦裕禄的每根手指都在颤抖,那透心的冰凉使她全身一阵阵痉挛。

突然,那紧握的双手,松了,垂了下去,那凝视的目光,散了,整个世界都黯淡了下去。他走了,就这样坦然无畏,带着无尽的眷念遗憾，带着未实现的宏愿大志，永远地走了。

这一年，焦裕禄年仅四十二岁。

遵照焦裕禄的遗愿，徐俊雅同意了将焦裕禄的肝脏捐给医院做实验，并将他安葬在那块他曾经治理过的沙丘上。这位人民公仆，鞠躬尽瘁，献出了自己最后的一片赤诚之心。

本作品中文简体版权由湖南人民出版社所有。
未经许可,不得翻印。

图书在版编目(CIP)数据

焦裕禄的故事/《青少年红色励志故事丛书》编写组编著. —长沙：湖南人民出版社，2012.3（2023.3）
（青少年红色励志故事丛书）
ISBN 978-7-5438-8248-5

Ⅰ. ①焦… Ⅱ. ①青… Ⅲ. ①焦裕禄（1922～1964）—生平事迹—青年读物 ②焦裕禄（1922～1964）—生平事迹—少年读物 Ⅳ. ①K828.2

中国版本图书馆CIP数据核字（2012）第048837号

JIAO YULU DE GUSHI

焦裕禄的故事

编 著 者	《青少年红色励志故事丛书》编写组
出版统筹	陈　实
监　　制	傅钦伟
产品经理	古湘渝
责任编辑	胡艳红　彭　现　龙妍洁妮　姚晶晶
封面设计	陶迎紫
版式设计	谢俊平
责任校对	欧家作

出版发行	湖南人民出版社 [http://www.hnppp.com]
地　　址	长沙市营盘东路3号
邮　　编	410005
经　　销	湖南省新华书店
印　　刷	长沙新湘诚印刷有限公司
版　　次	2012年3月第1版
印　　次	2023年3月第3次印刷
开　　本	960 mm × 640 mm　1/16
印　　张	11.75
字　　数	120千字
书　　号	ISBN 978-7-5438-8248-5
定　　价	29.80元

营销电话：0731-82683311（如发现印装质量问题请与出版社调换）